司法鉴定论丛

上海市司法鉴定理论研究会会议论文集

2020年卷

主　编　杜志淳

副主编　孙大明　郭　华

编　委（姓氏笔画排序）
朱淳良　刘言浩
杜志淳　沈忆文　孙大明
郭　华

法律出版社
———— 北京 ————

图书在版编目（CIP）数据

司法鉴定论丛. 2020年卷 / 杜志淳主编. -- 北京：法律出版社，2025
ISBN 978-7-5197-6066-3

Ⅰ. ①司… Ⅱ. ①杜… Ⅲ. ①司法鉴定-文集 Ⅳ. ①D918.9-53

中国版本图书馆CIP数据核字（2021）第207604号

司法鉴定论丛（2020年卷）
SIFA JIANDING LUNCONG（2020 NIANJUAN）

杜志淳　主编

策划编辑　沈小英
责任编辑　常　锋
装帧设计　李　瞻

出版发行	法律出版社	开本	710毫米×1000毫米 1/16
编辑统筹	法治与经济出版分社	印张 11	字数 210千
责任校对	郭艳萍	版本	2025年8月第1版
责任印制	吕亚莉	印次	2025年8月第1次印刷
经　　销	新华书店	印刷	北京建宏印刷有限公司

地址:北京市丰台区莲花池西里7号(100073)
网址:www.lawpress.com.cn　　　　　　　销售电话:010-83938349
投稿邮箱:info@lawpress.com.cn　　　　　 客服电话:010-83938350
举报盗版邮箱:jbwq@lawpress.com.cn　　　 咨询电话:010-63939796
版权所有·侵权必究

书号:ISBN 978-7-5197-6066-3　　　　　　 定价:76.00元

凡购买本社图书，如有印装错误，我社负责退换。电话:010-83938349

目 录

司法鉴定标准化国际合作路径探讨 ………………………… 杜志淳 赵子玉 1
司法鉴定若干问题的再思考 …………………………………………… 郭 华 16
刑事责任能力评定的反思与重构
　——《刑法》第 18 条的展开 ………………………………………… 孙大明 29
知识产权司法鉴定标准化探索 ………………………………………… 黄鹏飞 44
我国死因调查与鉴定制度完善研究 …………………………………… 鞠杨波 62
上海司法鉴定体制改革的实践探索与系统思考 ……………………… 马丽莉 74
儿童最大利益原则在司法鉴定中的实践 ……………………………… 王 强 84
构建中医医疗损害司法鉴定制度的必要性及可行性
　……………………………………… 张 静 徐静香 阎 婷 石小迪 94
"一带一路"背景下我国司法鉴定体制的完善路径 …………………… 叶 靖 102
"一带一路"建设中司法鉴定问题研究
　——以网络犯罪中电子证据鉴定为例 ……………………………… 樊金英 112
从司法鉴定本质回归看刑事司法鉴定启动 …………………… 邹积超 袁雪娣 118
司法鉴定机构和鉴定人能力建设的思考与探索 ……………………… 邓协和 129
《上海市司法鉴定管理条例》创新及重点 ……………………………… 郭媛媛 137

未达《人体损伤致残程度分级》伤残的人体损伤赔偿系数初探
.... 朱 伟 贾建长 145
试论法医对命案现场中非传统分析内容的思考 .... 林中圣 王黎扬 154
开封方言韵律特征提取与建模的相关研究 .... 赵书悦 张旭毅 159

司法鉴定标准化国际合作路径探讨

杜志淳* 赵子玉**

一、司法鉴定标准化建设的新形势

(一) 司法鉴定标准化建设的国际背景

当今世界格局巨变,虽然和平与发展仍是时代主题,但世界面临的不确定性问题十分突出,人类面临许多共同挑战。经济社会的格局变化,不断创造出新的发展业态,世界各国尤其是发达国家之间新兴技术的竞争,已经体现为国际标准的竞争且日趋激烈。发达国家都在极力追求国际标准的控制权,甚至有很多国际标准的制定以其国家标准作为基础。在信息技术领域,标准的研究与科技产业相结合,标准的主要作用已经转变为实施技术性贸易措施,国际标准不仅是全球市场的准入证,更逐步演变为贸易保护的工具。

对于新兴产业,标准的竞争趋势日益严峻,成为争夺产业制高点的重要手段。无论哪一个国家,只要其对标准的研究处于国际前沿位置,在标准上相较其他国家具有一定优势,就能够掌握该行业的主动权。在这个标准化活动盛行的时代,对于掌握诸多高精尖产业技术的发达国家来说,标准化的建设活动是利于国家发展的契机,而对于发展中国家来说,这既是机遇,也是挑战。发达国家对于标准的定位,始终贯穿通过控制标准的发言权,达到争取标准制定权的目的,从而获得相关领域的领导权。基于此,发达国家便能在标准中极力反映其国家要求,体现其国家利益。虽然标准体系是自愿性的,但很多应用性较强的标准都在研制过程中引入了市场机

---

* 华东政法大学教授、博士生导师,博士后合作导师,主要从事司法鉴定和司法制度研究。
** 华东政法大学刑事法学院博士研究生,主要从事司法鉴定、声像资料与电子数据鉴定研究。

制,唯有投资,才能收益。很多国家为了自身利益,都会积极参与到标准化的建设活动中。其目的就是将自己国家的标准国际化,使代表本国利益的国家标准成为国际标准,用本国标准的价值观影响并引领区域性的标准化活动,很多发达国家(如英、美、法、德等国家)在标准领域就拥有了国际标准的主导权。

(二)我国司法鉴定标准化建设的需求分析

在中国,各种法庭科学或司法鉴定技术标准,理论上均为某部法律或行政法规配套的技术性文件,一部法律的出台常常伴随技术标准、方法的出台与更新。在国际公认的基础标准的架构下,依实证研究统计数据,建立具有数据或实验支撑的正常值数据库,进而修订相关条款、研制技术规范,以增强法庭科学标准的证据力,成为法庭科学标准研究的一个趋势[1]。司法鉴定标准化建设,既是我国标准化领域自身发展的要求,也是行业治理体系建设的必要组成部分。

众所周知,所有的标准皆是为经济发展服务的,司法鉴定标准也不例外。在司法鉴定标准研究方面,亚太领域处于领先位置。实验室认可的国际合作组织是国际实验室认可合作组织(International Laboratory Accreditation Cooperation, ILAC),目前已经形成的区域性组织中,主要有欧洲认可合作组织(European Cooperation for Accreditation, EA)和亚太实验室认可组织(Asia Pacific Laboratory Accreditation Cooperation, APLAC),而我国目前还没有相关组织形成实验室认可的合作组织,因此需要关注 ILAC 的发展进程,提前预测,为我国司法鉴定标准的发展确立方向。为了更快地加入国际标准化的合作组织中,应当以我国主导的组织为出发点,如亚太经济合作组织、上海合作组织等,在这些经济组织中贯彻司法鉴定标准化的思想,为组建区域性司法鉴定标准化合作组织打好基础,凭借经济组织的影响力,提升我国在标准化组织中的国际影响力,为司法鉴定标准化建设打好基础。

综观发达国家的各项标准化工作,均旨在使国家标准成为国际标准,或是以本国标准为基础制定国际标准,且制定标准均以本国利益为导向,反映本国的意志,以本国标准国际化作为目标。为适应国际司法鉴定标准化的发展进程,我国亟须将司

---

[1] 参见尤萌、方雯等:《利用 ICF 量表对 TBI 进行伤残评定的可行性研究》,载《中国法医学杂志》2015 年第 5 期。

法鉴定行业的标准化战略纳入国家标准化战略中,分析司法鉴定标准化的需求,借鉴国外司法鉴定标准化战略的经验,构建一份司法鉴定标准体系图谱,提高国际司法鉴定检验结果互认,加强司法鉴定标准化研究,并制定相关管理办法,完善司法鉴定标准化体系内容。

(三)我国司法鉴定标准化建设的发展契机

随着"一带一路"倡议的实施,已有100多个国家和国际组织成为命运共同体,"一带一路"倡议能够打开我国司法鉴定标准化的战略格局,加强各国的友好合作关系建设,在一定程度上能够推进司法鉴定领域的互认及标准的融合共通。我国及"一带一路"共建国家,可以根据自身发展需求制定相应的司法鉴定标准,并在国际合作中进行沟通交流,以期在最大限度保障各国最大利益的同时,实现司法鉴定标准的互认,凭借"一带一路"扩大司法鉴定标准化建设的影响力,并参与到国际标准化鉴定活动中去。"一带一路"共建国家标准信息平台已于2019年4月23日开通,该平台对"一带一路"国家的有关标准进行了分类和翻译,并展示了包括中国在内的108个国家标准化的基本情况。该平台还对多个国际组织的标准信息进行数据集成,提供了精准的检索服务,其中包括标准领域分布、发展趋势等内容。我国应抓住这一大好发展良机,借助"一带一路"共建国家标准信息平台,实时关注国际标准化组织的动态,并加强和"一带一路"共建国家在司法鉴定标准化领域的交流与合作。

司法鉴定是一个新兴领域,标准制定水平体现的是一个国家的软实力,因而司法鉴定标准的制定水平也在一定程度上反映了国家软实力的强弱。司法鉴定标准体系不仅涵盖主要技术标准,还包括基础标准以及管理标准。标准是"协商一致"的产物,目的是实现标准的"共同使用和重复使用"。为了进一步提升我国在标准化领域的国际地位,我们可以搭载"一带一路"的顺风车,协同东亚、南亚、西亚各国,协商组建国际区域性标准化战略联盟,壮大标准化合作组织,以新的姿态加入国际标准组织中去。该区域性标准化战略联盟的重点应包括卫生、安全、环保方面的标准化,同时,还应将法庭科学的标准化作为重点研究对象。

二、司法鉴定标准化领域现状浅析

(一)我国司法鉴定领域标准引领不足

在司法鉴定领域,美国材料与试验协会(American Society for Testing and Materials,ASTM)国际标准组织设立了司法鉴定标准化委员会,以引领国家司法鉴定行业的发展。我国目前在各个省市设立了司法鉴定行业协会组织,但还未针对司法鉴定建立专门的标准化委员会。司法鉴定的工作范围逐步向社会领域扩展,鉴定结论在诉讼过程中的重要性与日俱增。在诉讼活动中,司法机关和当事人都可以作为司法鉴定委托的主体,鉴定人员遇到的专门性问题也逐渐被细化,提升司法鉴定的公信力成为目前司法领域需要实现的首要目标,而实现这一目标最为有效的途径便是加强司法鉴定领域的标准化建设,因此,在国内建立一个司法鉴定标准化战略联盟,以此推进司法鉴定标准化建设是十分必要的。在信息技术领域,国际标准化组织(International Organization for Standardization,ISO)与国际电工委员会(International Electrotechnical Commission,IEC)设置有联合技术委员会:ISO/IEC JTC 1,其秘书处承担单位为美国国家标准学会(American National Standards Institute,ANSI)。我国可以在司法鉴定领域建立一个适合中国国情的委员会,推动司法鉴定标准化活动的实施。虽然各国技术法规与标准的激烈竞争不可避免,但国际标准化合作仍是主流。除各国积极参与国际标准化活动、共同制定国际标准之外,国际标准化机构之间合作制定统一的标准也是大势所趋。

我国司法鉴定学者自2016年起参与国际标准化活动,一定程度上参与了国际司法鉴定标准的修订活动,但在国际标准化活动中的影响力和参与度还不足,保障制度还不完善,同时,我国在标准化实践工作中也存在一定问题。一方面,我国参与国际标准化活动的水平和能力还有待提高。另一方面,我国司法鉴定领域的四大类标准,标准制定速度过快且专业性偏强。然而标准是为了适合多数人而制定的,普适性才应是其最根本的特质,目前我国鉴定行业标准的制定领域越来越窄、越趋专业性。尽管近年来"国家标准、行业标准和技术规范"越来越多,但是依然有许多问题被不断曝出,标准、条例不断被废止和更新,主要原因就在于标准分类过细,制定标准过多以致产生冲突。

(二)司法鉴定标准化推进与我国区域标准化组织地位不相符

标准化是综合竞争力,是国家治理体系和治理能力现代化的基础性制度,也是供给侧结构性改革的重要内容。全国各省市的司法鉴定标准不尽相同,就目前的情况而言,很多省市都出台了鉴定标准,各个区域"各自为政"的现象较严重,这在某种程度上阻碍了司法鉴定的发展,因此建立区域性的战略联盟已成为大势所趋。长期以来,由政府主导的标准制定和管理模式,已经不能完全适应司法鉴定行业的发展和实践的需要。2017年《中华人民共和国标准化法》(以下简称《标准化法》)已明确提出:强制性标准必须执行,国家鼓励采用推荐性标准。然而因为司法鉴定的特殊性,笔者认为司法鉴定标准应当采用强制性标准,因为只有严格遵守鉴定标准,才能保障其鉴定质量。因此厘清强制性国家标准和推荐性国家标准,建立与国情相适应的配套标准体系将会成为今后司法鉴定标准化工作的首要任务。司法鉴定标准是司法公信力的基础,是司法鉴定机构和人员能力评价的一种机制,也是一种重要的风险防控方式。我国司法鉴定标准在实践中存在供需矛盾、管理和适用不规范、缺乏专业顶层设计等问题,因此,亟须加快司法鉴定标准化建设的步伐。

我国对国际标准向社会领域拓展的态势十分重视,近年来,我国先后成为ISO和IEC的常任理事国以及ISO技术管理局的常任成员,ISO、IEC、ITC三大国际标准组织相继有中国人担任最高领导职务。2019年10月14日至25日,第83届IEC大会在上海召开,此次大会上海迎来了来自94个国家和地区以及多个国际和区域标准化组织的近4000名代表,我国在国际标准化组织中的重要地位明显提升。在首届"一带一路"国际合作高峰论坛上,我国与俄罗斯、哈萨克斯坦等12个共建国家共同签署《关于加强标准合作,助推"一带一路"建设联合倡议》。由此可见,我国正积极参与国际标准化活动并占有重要地位。然而,我国司法鉴定标准化体系,尚存在缺乏顶层设计,制定、修订无统筹规划等问题。虽然我国司法鉴定标准化工作由政府主导,但是由于标准制定主体尚未明确,长期以来标准制定组织之间缺乏协调,各自制定标准,标准之间相互矛盾、重叠情况严重。一些鉴定标准出自不同部门,内容也不一致,不仅行业标准和司法鉴定技术规范大部分交叉重叠,行业标准本身也存在重叠现象[1],这与我国区域标准化组织地位是不相称的。可以说我国在司法鉴定行业标准化方面,低于其他行业的标准化水平,这不利于我国司法鉴定标准化进程的推进,也阻碍了我国司法鉴定标准化国际合作的发展。

(三) 司法鉴定标准化国际合作路径的构想

我国近年来在司法鉴定标准化领域取得了长足的发展,站在国家战略高度开展标准化活动并遵循以下原则:国际标准化活动优先于亚太标准化活动,亚太标准化活动优先于国内标准化活动。我国可以借鉴标准化的成功经验,制定标准化发展战略,政府、行业组织及高校、科研机构都应广泛参与,借此战略来部署中国司法鉴定标准化的工作方针。努力将中国制定的标准以亚太地区的标准化模式推向国际,中国标准可以先步入东亚地区,在东亚地区的影响力达到一定程度后,再逐步辐射到东南亚甚至亚太地区。

1. 推进国际区域性组织司法鉴定标准化建设进程

为了使中国的司法鉴定标准化工作更好地发展,我们必须对世界各国的司法鉴定发展现状进行考察并深入探讨分析,了解国际对司法鉴定标准化的定位,同时总结出一套适合我国国情的司法鉴定标准化发展战略,在现有的经济组织基础上推进司法鉴定标准化进程,并组建国际区域性司法鉴定标准化联盟,发挥其作用,逐步参与到世界标准化工作中去。

(1) 提高我国在主要国际标准化组织中的话语权

经过多年发展,我国标准化管理体制和标准修订机制逐步完善,市场主体和社会各界参与标准化活动的能力和意识普遍提高。我国早已成为国际标准化组织常任理事国,这标志着我国在国际标准化组织核心议事层获得了较充分的话语权,我国标准化工作在国际交流与合作中取得了进一步的历史性突破。

就国际司法鉴定标准化的总体发展情况而言,很多国家都成立了司法鉴定标准化委员会。笔者建议,由我国司法部在国家标准化战略联盟的指导下建立一个高效、协调的全国性司法鉴定标准化委员会,该委员会由司法鉴定技术专家、司法人员

---

[1] 参见郭弘、施少培等:《电子数据取证鉴定标准化建设工作的实践与思考》,载《中国信息安全》2019年第5期。

以及其他相关人员组成,负责研究与拟定全国性鉴定技术标准,协调与监督各专业司法鉴定委员会。该委员会代表本行业加强与司法部门的协调沟通,以使其能够在国家层面上提供多学科视角,确保鉴定质量的最高标准。该标准化委员会可对外交流,以提升我国在国际标准中的提案比重,通过双边或者多边互认协议将国家标准上升为国际标准。同时,该标准化委员会在发展我国司法鉴定标准化的过程中,应当积极参与国际标准化工作,主动参与相关国际标准化战略、政策和规则的制定工作,加强对国际标准的翻译、跟踪和评估工作,推动适宜的国际标准的采用和转化工作。同时总结以往经验,推动国家司法鉴定标准的建立,使具有中国特色的能力验证技术标准成为国际标准,以提升"中国标准"的国际影响力和贡献力。综观世界法庭科学领域的发展情况,我国司法鉴定在前期阶段,由于各种原因,没能在法庭科学国际标准化工作中形成先发优势。但是,随着中央全面深化改革领导小组(现为中央全面深化改革委员会)通过的《关于健全统一司法鉴定管理体制的实施意见》的贯彻实施,我们已经认识到标准化在"国家治理体系和治理能力现代化"中的基础地位[1],司法鉴定领域的标准化,包括国际标准化必将迎来重大发展,并且有望形成后发优势。参与国际标准化不是一蹴而就的事情,而是需要经历一个由早期的了解情况、学习跟踪,到后来积极参与的过程[2]。以澳大利亚为例,其之所以能够成为"ISO/TC272"中的重要主导力量,与该国法庭科学行业治理架构不断完善和由此带来的贡献密不可分。由此可见,国内法庭科学行业治理架构的完善,已成为我国司法鉴定参与国际标准化活动的必要前提和保证。

(2)组建国际区域性标准化组织联盟

标准化战略组织联盟,是以加强标准创新与标准化合作交流为宗旨,由多个相关组织(政府机构、企业、高等院校、科研院所、社会团体等)发起成立,通过联合研制、共同推广实施标准,实现资源共享与获取,达到技术、信息、知识、人才、资金等资源的有效整合。国内类似的联盟组织有:2014年10月25日成立的云南省三七产业

---

[1] 参见关颖雄:《ISO/TC 272法庭科学国际标准化工作进展简析》,载《标准科学》2018年第11期。

[2] 参见崔远超:《关于参与国际标准化工作的几点思考》,载《印刷质量与标准化》2016年第5期。

标准化技术创新战略联盟,2015年10月12日由陕西、甘肃、青海、宁夏、新疆、内蒙古以及新疆生产建设兵团质监局倡议的新丝路标准化战略联盟,2016年11月24日北京、天津、河北商务部门联合成立的京津冀物流标准化联盟等。笔者认为,司法鉴定的标准化建设可以参考标准化战略联盟的思维导向及宗旨目标,组建区域性司法鉴定标准化组织联盟。

该区域性标准化组织联盟的组建可以借鉴其他行业标准化战略联盟的实践,乘着"一带一路"倡议合作的东风,将我国司法鉴定标准化的经验借鉴给签署协议的其他国家,致力于打造以我国为中心的国际区域性标准化组织联盟。为了大力提升司法鉴定标准国际化水平,可以从以下三个方面进行推进:一是调动战略联盟成员国的积极性,主导司法鉴定区域性标准制定,在骨骼检验、DNA鉴定等优势特色领域继续发力,提出区域性标准提案。在无人机取证、智能车辆取证等新兴领域,主动作为、提早布局,主动提出区域性标准的中国方案,以期使更多国际标准融入中国技术。二是加快推进标准互认,进一步深化与战略联盟成员国和地区的双、多边合作机制,推动与各国在司法鉴定方面的标准化合作,促进国家之间标准体系兼容。推动相关国家采用中国标准或注册使用中国标准,实施域外标准化示范推广行动,为中国标准在国际区域性标准化组织联盟中的应用推广提供便利。三是持续推进司法鉴定标准联通共建"一带一路"行动,实施《标准联通共建"一带一路"行动计划(2018—2020年)》,围绕基础设施联通、拓展特色和新兴鉴定领域,主动加强与共建国家标准化战略对接,为推进"一带一路"建设提供坚实的技术支撑和有效的机制保障。

某种意义上讲,技术水平越成熟一致性程度越高,也越容易形成标准。为了能够建立区域性标准化组织联盟,我国应当先将标准的制定速度减慢,着重制定通用性标准,而不是专业性标准。目前越来越多的专业性标准涌入各个领域,虽然在一定程度上显示出各区域技术有所提高,但过多的专业性标准并不利于通用性标准的推行。在司法鉴定标准制定方面,我们可以通过统一鉴定标准,将其纳入一个框架内,不仅有利于统一,也为司法鉴定认证认可提供了可操作性的空间。目前,在鉴定领域,检验结果互认的前提是具有共认的实验室,因此建立双边或多边互认的实验室标准,达到检测国际互认已成为推进司法鉴定标准化进程的一大前提。

(3)协助不发达国家建设司法鉴定标准化体系

从经济发展水平、生产建设的经济效益水平、基础设施,以及科学、技术、经营管理等方面看,我国被划分为三大经济带:东部经济带、中部经济带和西部经济带。在基础设施、科学技术比较发达的区域,司法鉴定的发展的势头较好,可以由此将我国司法鉴定区域先划分为三大区域,由东部司法鉴定行业的发展带动中西部司法鉴定行业的发展。笔者建议,在各个经济带——京津冀经济带、长江经济带、粤港澳大湾区经济带建立司法鉴定区域性标准化委员会,每一个标准化委员会均作为区域性司法鉴定标准化合作组织,期望国务院司法行政部门会同有关部门,按照程序推进成立全国司法鉴定标准化技术委员会,加强司法鉴定标准化工作与刑事技术标准化工作的协调,不断提高司法鉴定科学化、规范化水平。同时,司法鉴定标准的管理应更多地从政府部门向行业部门转移,发挥司法鉴定行业协会的职能优势,积极引导和激励团体标准建设。

在努力提升自身实力的同时,我国也应该秉持大国风范,推进区域性组织司法鉴定标准化进程,协助不发达国家建设司法鉴定标准化体系。坚持采用自愿性标准体系的原则,构建司法鉴定标准化战略联盟,积极推进司法鉴定标准化建设工作。加强与不发达国家的交流沟通,将我国标准化领域成功的理念、经验和做法在一定程度上与他国共享,增强其标准化建设意识,并为之提供标准化建设思路。加强整合政府部门、高校、科研机构、司法鉴定机构、行业协会等多方资源优势,成立全国性或跨区域、跨行业的标准联盟,保障标准制定的科学性与规范性,促进标准实施的有效性与一致性。对全国人大常委会《关于司法鉴定管理问题的决定》中的经验加以引用,考虑三大经济带的发展,标准化条款的制定要有一定的上升空间,在行政管理与行业管理相结合的基础上逐步加强行业管理。在全国范围内的区域性标准化委员会建立之后,充分发挥"一带一路"的联通作用,带动参与合作组织的国家的司法鉴定标准化体系建设,达到"一带一路"共建国家的标准互认,我国就能够以国际区域标准化委员会的形式加入国际组织中。所谓标准互认,并不是要求国家或地区之间采纳相同的标准与技术法规,而是采取合作的方式相互承认对方的标准制度,并通过相互合作达成司法鉴定领域的信任机制、重复试验、相互认证,解决因地域以及其他因素产生的冲突,在协商合作中达到双赢效果。以司法鉴定领域的互认为支撑,为"一带一路"倡议服务,并以此达到协助不发达国家构建司法鉴定标准化体系的目的。

2. 开展重点分支学科领域标准化问题的跨国研究

在司法鉴定领域,我国所采用的是政府主导的标准化管理模式,总体上与我国国情相适应,但在实际运作时仍然存在一定不足。例如,有关我国团体标准的制定比较少,而且制定的多个标准之间偶尔会有冲突。为了改变这一弱势现状,我国应开展重点分支学科领域标准化问题的跨国研究,着力于通用性标准的制定。

(1)推进我国司法鉴定各分支学科领域的标准化进程

从近年来国内外同行交流的情况来看,我国在骨骼检验、非人源 DNA 鉴定、电子物证检验、法庭科学专业数据库建设等多个方面,具有全方位优势;法医微生物、法庭地质学、种族推断等研究,特色鲜明;以系列化 DNA 检验试剂、毒品标准物质、国产 DNA 测序仪、DNA 快检仪等为代表的国产化仪器设备和试剂,行业保障力度明显。在我国现行的四大类鉴定中,DNA 鉴定技术在国际上处于先进水平,如司法鉴定科学研究院李成涛团队"通过隔了多代的裴多菲姨妈后代(第五、第六代外孙女)来分析 160 年前的遗骨是否为裴多菲本人"作出的 DNA 鉴定结果举世瞩目。在过去的 25 年里,裴多菲委员会主席到过许多国家,委托过数家司法鉴定机构对送检样品进行 DNA 检验,然而这些司法鉴定机构都因为送检样品年代久远以及亲缘关系复杂而没有进行下去。由此可见,在 DNA 鉴定领域,我国已经拥有高超的技术和专业的水平,因此在 DNA 鉴定方面,我国应多与他国合作交流,提高科研经费,以提升国际话语权。同时应当注意,标准是建立在技术发展的基础上的,仪器、工具、技术等需要先加强研发。

首先,我国特有的中文笔迹鉴定应保护发展。笔迹形成有其特定的规律,研究汉字笔迹鉴定的同时,也应学习和引入国外优势,与外文笔迹的形成进行对比研究,为制定通用标准、提高领域内的国际话语权打下基础。我国在物证技术方面的鉴定基础条件较好,组织体系也比较先进,主要包括指纹鉴定、笔迹鉴定、文书鉴定等。

2004年的国际指纹识别竞赛（FVC2004）中，中国科学院获得了科研机构排名第一的成绩。国际指纹识别竞赛组委会发布的成绩显示，我国指纹识别技术在当时就已经取得了国际领先水平。其次，我国鉴定领域的后起之秀——人像鉴定也处于世界领先地位，最好的佐证就是人脸识别技术。我国的人脸识别速度可达每秒30亿次，2秒即可比对全球人脸，这也属于司法鉴定的范畴。最后，我国的电子数据鉴定标准发展迅速，制定了数量庞大的标准。就检材而言，涵盖了传统的存储介质、移动终端、特殊设备（伪基站）以及网络数据；就检验范围而言，涵盖了数据提取、数据恢复、真实性鉴定、相似性鉴定、功能鉴定等相关领域。物证技术鉴定以及人像鉴定可作为强势学科，优先纳入标准化工作进程，使其与国际接轨，扩大影响力。电子数据鉴定虽然起步较晚，但发展迅速，尤其是计算机司法鉴定领域发展势头较好，再加上提供取证工具的"美亚柏科"已经国企化，这都为计算机司法鉴定的标准化提供了有力的技术支撑。我们可以在领先的鉴定领域制定自己的标准，实施专家咨询计划，最大限度地共享法庭科学信息并加强交流，为跨区域的对话和活动提供便利。

因此，在重点分支学科领域，我们应当进行标准化培训，推进外观标识规范的应用，形成司法鉴定行业统一的外观形象；开展标准化创建工作，选择合适的司法鉴定机构打造司法鉴定服务标准化示范点，发挥示范带动作用，以点带面、梯次推进，实现区域性司法鉴定服务标准化全覆盖，若能建立起全国范围内的区域性标准化委员会，则以其作为示范点，积极参与国际标准化工作。为充分发挥标准化引领作用、注重使用标准化达标结果，可以把重点分支学科领域机构标准化建设情况作为机构规范内部管理、规范鉴定流程、提高鉴定质量的重要评价指标，纳入全国司法鉴定机构年度考核内容，同时作为质量评估、诚信评估、品牌创建、分级管理等工作的重要参考依据；并对通过评估的司法鉴定机构进行动态管理，适时实行司法鉴定服务等级管理制度。作为行业治理体系和治理能力的工具，标准化体系建设着眼于司法鉴定行业标准化工作的顶层设计，需要对行业发展有系统性的把握，包括行业发展历程、现状、存在问题以及未来发展趋势等。

（2）建立适用于司法鉴定各个分支学科的通用标准

在司法鉴定领域，我国DNA鉴定技术已达到世界领先水平，上文提到的"裴多菲"DNA鉴定案例就是最好的佐证。凭借我国目前的DNA鉴定技术水平,可为我国在国际DNA鉴定标准化方面赢得一席之地。因此必须加快我国自主技术的标准制定,形成具有创新成果的技术标准体系。我国在法庭科学的交流工作仍显滞后,只停留在理论层面,而不进行标准化研究,在国际会议发言、一流外文期刊文章、国际组织参与等方面仍有较大发展空间,集中体现为法庭科学国际化人才短板。司法鉴定标准普适性较强,如果国内考察队都不研究标准化问题,那么我国在标准化方面的发展将停滞不前。为了推动司法鉴定标准化的长足发展,我国可以借助亚洲法庭科学学会(Asian Forensic Sciences Network, AFSN)等国际化组织来提供共享知识经验、开展培训交流的平台,在技术研发、质量管理、交流培训、信息共享等多方面促进法庭科学发展,这对促进我国法庭科学国际化人才的培养也具有重要意义。

2014年美国在其司法部和国家标准化研究院的倡议下成立科学领域全体委员会(Organization of Scientific Area Committees, OSAC)。OSAC有超过600名的法庭科学从业者,由地方、州和联邦机构的代表、学术界和企业代表组成,目前已形成700余项技术标准和指南。OSAC由司法鉴定标准委员会和3个资源委员会组成,下设生物学/DNA、化学/仪器分析、电子/多媒体、犯罪现场/死因调查以及物理/形态学解释等5个技术委员会和25个分技术委员会(见图1)[1]。

我国在研究重点分支学科领域标准化问题之前,应当先建立一个各个学科都应遵守的通用标准,以通用标准为基点,继续向外扩张,各专业统一自己的核心标准、形成标准体系框架。建立各个分支学科的通用标准可以区域性司法鉴定标准化战略联盟为中心,将司法鉴定分为法医类司法鉴定、物证类司法鉴定、声像资料类司法鉴定、环境损害司法鉴定及其他类别的司法鉴定,并将此五大领域分类细化,向外辐射。该区域性司法鉴定标准化战略联盟应对五大类司法鉴定进行研究,从中找出共性、共识的内容,并基于此建立一个通用标准,在此标准下开展我国的司法鉴定标准化工作。

---

[1] 参见何晓丹、沈敏:《司法鉴定标准化管理的路径探讨》,载《中国司法鉴定》2018年第1期。

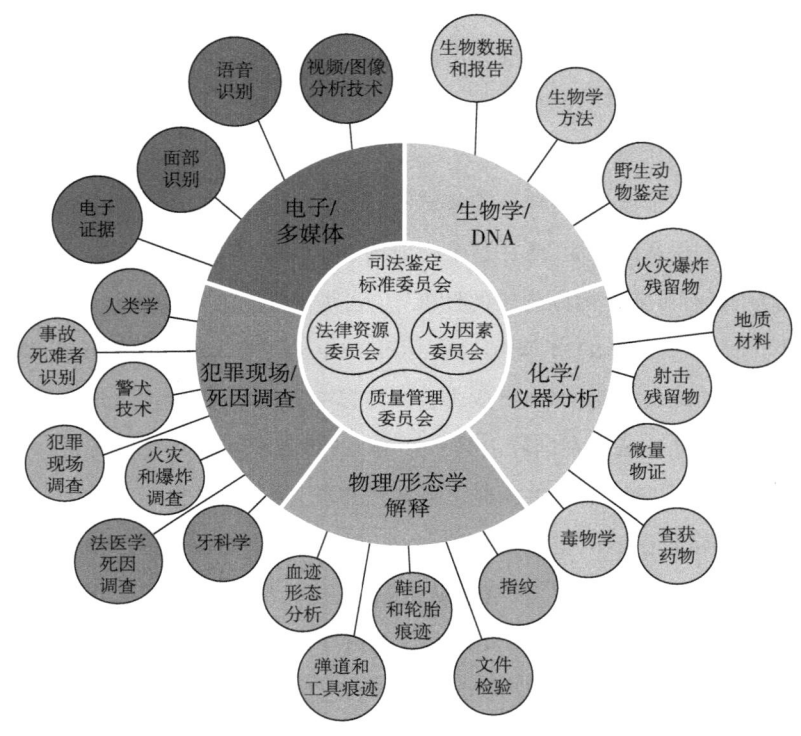

图 1　OSAC 组织结构

我国应充分发挥优势学科或制高点的作用,并将我国优势学科的标准纳入AFSN标准体系,积极参与国际标准规则的研究和制定。同时通过调查美洲、欧洲、大洋洲实验室提供的法庭科学服务的基本科学要求,以确定研究和创新的路线图,通过协调采购方案为机构节省成本,促进和协调我国的法庭科学项目。同时推动战略研究和创新计划,为当前新型研究与创新提供指导,通过评估、采纳和实施新的法庭科学工具促进开发能力,对法庭科学领域做出的贡献进行鼓励和认可。目前,我国各方面的标准层出不穷,只有形成完整、明晰、统一、成熟的标准架构体系,才能推行国际化。

(3)开展重点分支学科领域的跨国标准化合作研究

为实现国家标准与国际标准的统一,可以将司法鉴定的国家标准提高到国际层面,研发和输出中国标准。世界贸易组织规则规定,如果进入强制执行阶段,则要求相关国家法规引用国际标准。司法鉴定技术及应用范围涉及众多部门和标准化技术组织，建议在国家司法鉴定标准化总体组、专家组的统筹规划下，集聚业界主流产学研单位资源，营造良好标准化氛围。同时，梳理司法鉴定体系脉络，把握未来重点发展方向，以"基础统领、应用牵引"为原则，建立完善的标准体系。

在国际标准化领域，有这样一种特殊的存在，其本身虽然不是国际组织或机构，但由于多年技术积累的沉淀，或在这个行业内有广泛的国际影响，其制定的标准，往往会被视为"享有事实上国际地位的标准"。这些标准绝大多数被发达国家的学会、协会或商会所垄断，如 ASTM、英国协会标准（British Standards Institution，BSI）等制定的标准就是如此。因此，加强行业协会团体标准的制定，逐步使之成为"享有事实上国际地位的标准"，成为在国际上具有影响力、知名度和权威性的标准[1]。落实2017年《标准化法》等政策文件标准化部署和要求，围绕司法鉴定标准化需求，推动司法鉴定国际标准化工作，集聚国内产学研优势资源参与国际标准研制工作，提升国际话语权。为便于相关单位共享数据信息，应建立"一带一路"标准数据库，数据库内容包含各国参与"一带一路"共建项目的标准、规范。

虽然我国总体上对标准化合作处于积极参与态势，但由于参与国际标准化建设的时间本身就晚于其他发达国家以及话语权归属等问题，参与程度并不是特别理想。因此，在我们国家领先的领域积极部署推动实施标准化战略，加快完善标准化体系，提升标准化水平。开展跨国标准化合作研究，以"跨政府方式"搭建中国与主要合作伙伴的标准化研究平台。我国应当与主要合作伙伴建立长期合作机制，共同研究跨国标准化合作。当前我国已建立了庞大的跨政府网络，国内许多部门早已走出国门，开拓与他国对应部门的沟通渠道。我国可以尝试与主要合作伙伴确定优先合作领域，邀请相关部门加入，对标准化合作研究进行协调，积极组建标准化合作研究的国际区域性标准化组织，综合利用各种方式和路径，吸取经验、敢于创新，促进跨国标准化合作研究在更大程度上的互联互通。

---

[1] 参见叶柏林：《助力"一带一路"建设 推出一批"享有事实上国际地位的标准"》，载《中国质量万里行》2019年第2期。

三、结语

本文针对当前我国标准化工作中存在的不足之处,建议相关部门及社会组织综合考虑我国司法鉴定领域的标准化工作基础条件,提高标准的普适性,围绕标准实施国际化战略,加强国际标准化,以标准化促国际化。同时注重国际区域性标准化组织联盟的建立,才能获得长足的发展。在此过程中,应当建立全国性的司法鉴定标准化委员会,并开展重点学科分支领域的标准化进程研究,加快推进标准国际化进程,健全国际标准研究和参与机制;尽快介入与我国司法鉴定发展密切相关的国际标准制定、修订活动,鼓励更多的研究机构与社会司法鉴定机构积极参与国际标准化活动,以期主导制定国际标准。此外,在自身发展的同时还应协助不发达国家及地区的标准化建设,在国际司法鉴定标准化方面贡献中国智慧、提供中国方案,以实现世界各国在司法鉴定标准化层面的共赢。

司法鉴定若干问题的再思考

郭 华*

2005年全国人大常委会通过的《关于司法鉴定管理问题的决定》（以下简称《决定》）已实施20年之久。在《决定》实施期间不仅我国的刑事诉讼法、民事诉讼法和行政诉讼法均作了修改，而且此轮司法改革基本完成并进行了配套措施的改革。面对诉讼程序的变化和司法实践变迁，司法鉴定也应当立足于新的时代，贯彻新的思维，构建新的格局。然而，目前存在的问题依然聚讼纷纭、莫衷一是，本文将目前存在的若干问题呈现出来，以供学界研究和实务界讨论。

一、司法鉴定的公益属性的问题

事物的性质主要取决于事物的主要方面，在事物发展中起到主导作用。对司法鉴定的性质界定也不例外，因其是一项司法制度的组成部分，因此需要考虑该制度的意义。对司法鉴定性质或者属性的确定取决于其在诉讼中扮演的角色、功能与作用，而这种角色扮演与功能又取决于其制度在诉讼制度中的地位和本质。因此，对司法鉴定性质的思考应当从其产生的缘由、扮演角色、发挥的作用以及设置制度需要达到的目的、解决的问题等方面展开思考。

（一）司法鉴定的公益属性的原因性考察与分析

司法鉴定源于协助法官发现案件真相和促进司法公正，鉴定人在大陆法系国家被视为站着穿白衣的"法官"。刑事诉讼中，一般将鉴定作为发现、收集证据的措施，鉴定人作为诉讼参与人，遵守回避制度。民事诉讼中，虽然采用当事人主义诉讼模

---

* 中央财经大学法学院教授，博士生导师。

式,但在审判程序中均存在将鉴定作为法官庭外调查证据的措施之一。从发挥作用的起源来看,司法鉴定并非服务于当事人,其主要还是为查明、判明事实真相服务的。因此,鉴定制度是诉讼制度发现真实和实现司法公正的组成部分。

司法鉴定在司法实践中扮演司法机关协助机构的角色。这一角色源于依附司法鉴定机构的鉴定人在诉讼中扮演司法人员的辅助人,以弥补司法人员专业知识的不足,为其独立判断事实提供专业支持,在诉讼中协助侦查人员收集证据、在审判过程中协助法官判断其他证据的真伪或者解释其他证据的意义。因此,鉴定人在诉讼制度中应接受司法人员规则的限制。鉴定人与侦查人员、检察人员、审判人员、书记人员、翻译人员共同作为回避的对象,折射出鉴定人与其他人员具有同质性。同质性的人员在性质上应当具有相同性,这些人员均属于公益性的人员,不带有任何个人利益或者经济利益。那么,鉴定人也应当如此,因为鉴定无论是谁委托的,均不对委托人负责,仅仅以科学原理、科学知识、科学方法等对事实负责。

鉴定意见在现代诉讼中发挥的是证明作用,被作为法定证据类型,尽管是鉴定人个人的判断。这种证据类型不仅与侦查人员现场勘查等携带技术的证据类型相同,它还发挥对其他证据真假的验真或者审查的功能。不同于其他证据,鉴定意见发挥证据的证明作用的同时还起到分析与判断其他证据的作用,其分析与判断属于司法职能,属于司法利用其判断事实或者其他证据的对象,因此,它不同于其他法定证据类型,在专门性问题上发挥替代司法人员的判断的功能。

司法鉴定作为证据制度的一部分,其本身也拥有特殊的制度意义,形成了专门的鉴定制度(重新鉴定制度),尤其是管理登记制度。这些制度是其他证据类型所没有的。这种司法鉴定管理制度的存在,旨在保证其鉴定人具备鉴定能力,防止鉴定人因能力不足影响案件事实的认定。基于此,在制度上需要足够的资金和经费保障,以免因利益关系或利害关系或者能力不足误导司法。

基于以上司法鉴定或者鉴定人的起源、作用、制度以及在诉讼中扮演角色,鉴定人是诉讼参与人,是作为弥补司法人员知识不足的参与人,被视为辅助人或者辅佐人,其性质与法官类似,在诉讼中仅仅对科学、事实和法律负责,因回避制度体现出其内涵的中立性,而中立性本身蕴含了公益属性,依靠公益性维护,不受委托人利益的影响，不因经济因素干扰而偏向。司法鉴定机构仅仅是鉴定人依附机构，履行行政性的公共服务职能，并通过许可制度得以成立。司法鉴定机构的性质是通过鉴定人体现的，为维护鉴定人中立的本性，也会带有公益属性，以便保证鉴定人不沦为委托人的代言人。司法鉴定机构作为"法院的辅助机关"，其性质不因投资主体或者设置主体不同而发生性质变化，也不因收取鉴定费而丧失其内在的本质。

（二）司法鉴定的公益属性反思与建议

目前，鉴定出现问题的关键在于司法鉴定机构在定位上不准确，导致其出现一些所谓的"人情鉴定"、"金钱鉴定"及"虚假鉴定"等问题。如果在制度安排上将司法鉴定机构确立为公益性，在制度建立中维护其公益性属性，改变因司法鉴定机构的资本构成不同而定性不同的违反鉴定本质的做法，是否可以改变现状呢？对此需要从以下方面思考：

首先，将司法鉴定纳入"新基建"的范围，通过增加鉴定的国家和公益投资维护其公益性。具体实现路径有三：一是通过促进高校、科研院所、高水平公立医疗机构等加强司法鉴定机构建设，强化司法鉴定机构的公益属性。二是通过优化政府资金投入渠道，如将以往投资到公安机关、检察机关等系统的部分资金改为直接投资到司法鉴定实验室、司法鉴定机构，由其面向公安机关、检察机关、法院以及执法机关提供鉴定专业服务，以避免司法鉴定职能与其他司法职能的混同（如自侦自鉴、自检自鉴），损害司法鉴定的独立性。该路径的实现有利于增强鉴定意见的公信力。三是对于部分小众领域的鉴定项目，可以通过保留部分市场机制形式的司法鉴定机构作为补充。司法鉴定行业不属于资本、资金密集型行业，其本质上属于人才聚集性、高技术性行业，应逐步引导企业型司法鉴定机构向非营利性机构转变。

其次，需要澄清三个问题：一是我国司法鉴定制度改革的确曾存在通过市场来促进鉴定质量的做法，因与我国职权诉讼模式不兼容而使鉴定问题出现偏差。二是有人认为鉴定因收费而不再具有公益性。这种理解脱离了鉴定的本质，因为鉴定费用是诉讼必须付出的必要的代价，属于诉讼代价的一部分，诉讼需要成本，特别是在民事诉讼中，法院诉讼也收取诉讼费用，这种诉讼费用还因诉讼标的不同有所变化，但法院依然是公益的。因此不能基于鉴定收费而否定其公益性。三是我国当前的诉讼制度、诉讼模式。法官负有查明案件事实的职责、义务,而法官对司法鉴定日益重视,诉讼案件中涉及司法鉴定的比例不断提高,在此背景下,将司法鉴定市场化或者营利化是极具风险的,容易给司法带来系统性以及难以克服的腐败性风险。

二、司法鉴定的当事人自行委托问题

为了更好地促进民事诉讼发现真实,2012年《中华人民共和国民事诉讼法》(以下简称《民事诉讼法》)对鉴定程序的启动、鉴定人出庭、专家辅助人出庭等作出了制度性安排,但在如何保障当事人利用鉴定权利以及法院如何看待个人委托获得的鉴定意见等问题上聚讼纷争。实践中,因《司法鉴定程序通则》不得受理"鉴定材料不真实、不完整、不充分或者取得方式不合法"或者"鉴定用途不合法或者违背社会公德"规定,致使有些司法鉴定机构不接受个人委托。然而,2001年最高人民法院《关于民事诉讼证据的若干规定》(以下简称2001年《民事证据规定》)第28条规定了一方当事人自行委托鉴定部门作出的鉴定,另一方当事人有足以反驳的证据证明其鉴定确有错误,申请重新鉴定的,人民法院应当准许。该规定实质上变相承认个人委托鉴定的合法性。例如,最高人民法院再审李某金与江苏新兴建设工程有限公司、江苏新兴建设工程有限公司新田二期住宅楼工程项目部等建设工程施工合同纠纷案中对"李某金单方委托作出的工程结算书确定案涉工程造价"认为,"李某金诉前单方委托山东鲁煤工程造价咨询有限公司作出的评估报告以李某金和新田项目部双方确认的工程预算表认定的工程量为依据,依照国家定额制定标准作出的《工程结算书》可以作为案涉工程价款的依据"[1] 对当事人一方委托司法鉴定机构作出的鉴定意见并非均不能作为定案依据,法院根据案件的具体情况可以作出对其是否采信的决定。2019年修正的最高人民法院《关于民事诉讼证据的若干规定》(以下简称2019年《民事证据规定》)第41条规定:"对于一方当事人就专门性问题自行委托有关机构或者人员出具的意见,另一方当事人有证据或者理由足以反驳并申请鉴定的,人民法院应予准许。"

---

[1] 参见最高人民法院民事裁定书,(2016)最高法民申612号。

（一）对2019年《民事证据规定》理解与思考

2019年《民事证据规定》将"有关部门"、"作出的鉴定结论"以及"申请重新鉴定"修改为"有关机构或者人员"、"出具的意见"以及"申请鉴定"，并增加了"就专门性问题"以及"理由"的内容。对此需要作以下五方面解释。

一是2019年《民事证据规定》依然承认当事人有自行或者直接等单方委托鉴定的权利，这种权利的行使无须法院准许。"在民事诉讼和行政诉讼中，当事人有提供证据的权利，其单方委托鉴定形成的书面意见作为一种证据形式，还是应当被允许的。当事人要实现此诉讼权利，理应有权直接自行聘请专家鉴定人。"[1]

二是这种委托因增加了"就专门性问题自行委托"的限定，从而与鉴定解决"专门性问题"的性质具有相同性，符合鉴定对象的本质，同时还扩大了委托的主体范围，不仅可以是自然人，还可以是机构，对此需要与2019年《民事证据规定》第79条规定的"委托机构鉴定的"规定结合起来考虑。

三是这种鉴定不属于我国《民事诉讼法》第66条所指的鉴定意见。因为不是民事诉讼中的司法鉴定，所以其出具的意见不是法定证据种类中的司法鉴定意见，而是可以作为其他证据类型的证据。但属于何种证据种类，理论界与实务界存在一定争议。有观点认为，当事人自行委托鉴定所持有的鉴定意见因其形成过程及鉴定人立场并不具有司法鉴定的公正性质，因此其证据的形式及效力更倾向于"当事人陈述"。也有观点认为，当事人自行委托鉴定所得的鉴定意见系通过一定专门方式对大量涉案的证据（检材）进行分析论证得出的意见，具有"准书证"的性质，可准用"私文书证"的质证规则来处理。根据当事人在委托鉴定时意思表示是否一致进行区分，对于双方在诉讼发生之前约定就某专门性问题交由第三方鉴定而形成的鉴定意见，虽非《民事诉讼法》所指鉴定意见这一证据类型，但因系当事人为避免争议共同确定委托所作，仍具有较高的证明力，当属书证无疑。如对该证据提出异议并申请司法鉴定的，申请人应当对该自行委托的鉴定意见进行反证或反驳，反证或反驳经审查成立的，方能启动司法鉴定程序。这种意见是辅助当事人起诉所需要的《民

---

[1] 最高人民法院民事审判第一庭编著：《最高人民法院新民事诉讼证据规定理解与适用（上）》，人民法院出版社2020年版，第402页。

事诉讼法》规定的起诉必须"有具体的诉讼请求和事实、理由"条件,这种当事人单方委托的鉴定不同于法院委托的司法鉴定,也不同于《民事诉讼法》第 82 条规定的因法院因素介入而同意当事人"申请人民法院通知有专门知识的人出庭,就鉴定人作出的鉴定意见或者专业问题提出意见"。因这种鉴定意见书是以其内容来证明案件专门性问题的,所以需要提供者说明其合法性,因此将其作为私文书证似乎顺理成章。私文书证一般是指私人制作的或国家机关、企事业单位、社会团体不是基于职权而制作的文书。国外对此也有这种认定,如《日本民事诉讼法》第 228 条规定:"私文书,有本人或者其代理人的签名或者盖章时,推定为其制作是真实的。"而这种鉴定意见不需要推定是真实的,如果认为这种鉴定意见属于私文书证,则其与 2019 年《民事证据规定》第 92 条规定的私文书规则也不相吻合。将其作为言词证据,视为一种佐证当事人陈述的补充或者延伸,可能更具有适宜性。

四是这种鉴定不仅需要鉴定人具有资格,还需要严格依据鉴定规则和程序进行,不得因为当事人自行委托而放松对鉴定的要求。也就是说,这种鉴定与法院委托的鉴定在实施中具有相同性,不得降低要求和鉴定标准。"对于当事人单方就案件所涉及的专门性问题自行委托有关机构出具的意见,因鉴定人及相应检材未经法院委托、确认,其中立性不足,但从有利于涉案事实查明的角度,该单方鉴定的意见确存在书证形成的初步条件……其证明力与一般书证相较而言,审查应当更为严格。""如果在检材、鉴定方法的合法性、真实性及科学性能够得到证实的情形下,应当认可其可以作为认定案件事实的证据使用。"[1]

五是另一方当事人对于这种鉴定意见有证据或者理由足以反驳,而非仅仅提出异议。"有证据"反驳,这种证据被称为"反驳证据"而非证据法上的"反证",这种反驳属于"证据抗辩",是针对鉴定意见所存在的瑕疵来间接否定对方提出的意见。然而,2019 年《民事证据规定》并没有改变原来的意义。2008 年最高人民法院《关于民事诉讼证据的若干规定》第 72 条规定的"一方当事人提出的证据,另一方当事人认可或者提出的相反证据不足以反驳的,人民法院可以确认其证明力。一方当事人提

---

[1] 宋春雨、潘华明:《民事诉讼证据司法解释修改中的若干问题》,载杜万华主编:《民事审判指导与参考》总第 67 辑,人民法院出版社 2017 年版,第 91~113 页。

出的证据，另一方当事人有异议并提出反驳证据，对方当事人对反驳证据认可的，可以确认反驳证据的证明力"被删除，该条规定的"相反证据不足以反驳的"以及"有异议并提出反驳证据"本身存在语义不清，而且"'相反证据'和'反驳证据'是两个有严格内涵的证据法术语，二者的作用、效力和审查方式都有很大的差异，如果乱用或者混用，则易导致司法上的混乱。"[1]

（二）对2019年《民事证据规定》理解的再思考

2019年《民事证据规定》第41条规定的"有理由"属于新增加的内容，"有理由"与"有证据"相比较为容易，那么何为有理由？其理由应当为何？法院如何判断？

特别是对"足以"的判断，"足以"是有统一标准还是要因案而异。尽管对此可以判定为导致对意见的怀疑以及何人的怀疑。如果当事人对于意见足以反驳，而不提出鉴定申请，这种情形下是否需要鉴定？有关提供鉴定意见的责任属于何方？法院对此如何释明？为什么要规定另一方当事人申请鉴定？鉴定费用由另一方当事人承担，是否与举证责任分配不相吻合？司法鉴定机构或者鉴定人面对当事人单方委托可以接受，以保障当事人权利。对于当事人委托，需要注意以下五个方面内容。

一是对于单方面委托应当要求委托方签订承诺书，其承诺的内容包括鉴定材料客观真实、完整充分或者取得方式以及"用途"合法，即促使单方面委托的鉴定材料符合法律法规规章和鉴定的基本要求。

二是建立司法鉴定风险告知书制度。绝大多数鉴定申请人对鉴定结果抱有十分的信心，而对鉴定风险估计不足。当鉴定结论无法满足其期望的结果时，当事人往往会失去应有的理智，质疑司法鉴定机构是否有业务能力、是否"公正依法办事"、是否徇私舞弊接受了另一方的"好处"，从而失去对鉴定结论理智性的判断。应当说这种心理上的落差也在一定程度上造成了目前当事人动辄要求重新鉴定的现状。而建立司法鉴定风险告知书制度，可以在一定程度上解决这个问题。

三是对涉及身份等带有隐私性的鉴定应当严格限制。如2020年3月23日上海市司法局《关于进一步规范亲子鉴定中检材提取等相关工作的规定》要求，亲子鉴

---

[1] 李国光主编：《最高人民法院〈关于民事诉讼证据的若干规定〉的理解与适用》，中国法制出版社2002年版，第458页。

定执业活动应在司法鉴定机构住所地开展,司法鉴定机构不得委托个人或其他组织代理、承接案源,不得在机构住所地之外设立任何形式的受理点、代办点、采样点等。被鉴定人自行委托亲子鉴定的,有提供本人真实身份信息的义务,并出具书面承诺书。

四是严格按照司法鉴定程序和技术规范进行鉴定,不因委托主体为非办案机关而标准降低,也不因当事人自行委托而擅自提高鉴定费用,更不能因鉴定费用而受当事人的影响。对此,最好是司法鉴定机构接受委托,鉴定人由司法鉴定机构指派,从而隔断鉴定人与当事人之间的利益关系,依然强调鉴定人对鉴定结果负责。

五是鉴定书可与司法鉴定意见作出区别,采用鉴定意见书的表述,并在鉴定书扉页标明"本鉴定意见书"仅供委托方在承诺书中承诺的"鉴定用途使用"。可以加盖司法鉴定机构章,以表示鉴定的合法性,以备单方委托作为当事人时,按照 2019 年《民事证据规定》第 41 条的规定提交法院作为鉴定意见使用。[1]

三、"四类外"的鉴定是否遵循《决定》的问题

《决定》对目前我国"四类内"的鉴定明确了登记管理范围,而对于"四类外"的鉴定是否需要遵循《决定》没有明确规定,以至于司法实践中存在不同认识。例如,江苏南通六建建设集团有限公司与山西嘉和泰开发有限公司建设工程施工合同纠纷案,[2]当事人不服该判决,向最高人民法院提起上诉,嘉和泰公司提出:司法鉴定机构山西三源工程造价咨询有限公司资质不符合法定要求。对 5000 万元以上造价工程,应由甲级资质的公司作出,三源公司仅是乙级资质。一审判决嘉和泰公司支付南通六建工程款所主要依据的鉴定结论有严重缺陷,不能作为确定工程款的依据。法院认为,关于鉴定结论能否作为计算涉案工程款的依据的问题。涉案工程的司法鉴定机构的资质等级为乙级,嘉和泰公司主张其作出的鉴定结论无效,依据是 2006 年《工程造价咨询企业管理办法》第 19 条第 3 款规定:"乙级工程造价咨询企业可以从事工程造价 5000 万元人民币以下的各类建设项目的工程造价咨询业务。"

---

〔1〕 参见郭华:《民事诉讼证据中有关鉴定的诠释与规则适用探讨》,载《证据科学》2020 年第 2 期。
〔2〕 参见山西省高级人民法院民事判决书,(2012)晋民初字第 9 号。

第 38 条规定:"……超越资质等级承接工程造价咨询业务的,出具的工程造价成果文件无效……"但上述规定是原建设部的部颁规章,属于管理性规范,不能作为评判鉴定结论效力的依据。

根据《中华人民共和国立法法》(以下简称《立法法》)的规定,部门规章为国家部委在自己的职权范围内发布的调整部门管理事项的规范性文件。部门规章仅能规范和调整自身职权范围内的管理事项。如住房和城乡建设部《工程造价咨询企业管理办法》规范管理的是工程造价活动,司法部《司法鉴定程序通则》规范管理的是法医类、物证类、声像资料和环境损害司法鉴定活动,而其他类别的鉴定活动由各自的行业主管部门管理规范。实践中有些律师和当事人以工程造价鉴定、产品质量鉴定程序违反《司法鉴定程序通则》为由提出抗辩,混淆了《司法鉴定程序通则》这一司法部部颁规章与最高人民法院、最高人民检察院司法解释的区别。部门规章层级效力较低,不是民事审判评判鉴定意见效力的依据。《立法法》规定,地方性法规、部门规章不得与法律和行政法规相抵触。实践中,一些部委出台的规章存在部分内容与诉讼法律和行政法规相抵触的情况,裁判应以法律规定为准。[1] 对此问题如何理解尚需探讨。

一是从《立法法》的法律位阶来看,地方性法规、部门规章不是法院裁判的依据,但是,如果这些地方性法规、部门规章的制定依据是法律行政法规,而且还是对其原则性规定的细化或者符合其法律的基本精神,随着司法实践的变化其更符合发展的要求,如何适用则是需要深思的。

二是出台的规章存在部分内容与诉讼法律和行政法规相抵触的情况应当纳入审查,抵触由谁作出判断也需要考虑。根据《立法法》的规定,行政法规的效力高于地方性法规、规章;地方性法规与部门规章之间冲突的,由国务院提出意见,国务院认为应当适用地方性法规的,应当决定在该地方适用地方性法规;认为应当适用部门规章的,应当提请全国人大常委会裁决。

---

[1] 参见最高人民法院民事判决书,(2014)最高法民终72号。

四、法院对存在争议未通知鉴定人出庭法律后果问题

《民事诉讼法》第81条规定,当事人对鉴定意见有异议或者人民法院认为鉴定人有必要出庭的,鉴定人应当出庭作证。然而,司法实践对此却存在不同理解和认识。例如,甲公司中标乙公司装饰装修工程,双方签订《建筑装饰工程施工合同》。后因工程款结算问题发生争议,诉至法院。在审理过程中,甲公司申请对工程造价进行司法鉴定。法院委托丙咨询公司进行鉴定并出具鉴定意见后,分别向双方当事人送交了鉴定意见,双方当事人亦向法庭提交了书面异议。庭审时,法院未通知鉴定人丙咨询公司出庭作证。后丙咨询公司针对双方对鉴定意见的异议分别作出书面回复。法院未再次开庭对鉴定异议回复意见进行质证,根据双方合同约定、鉴定意见及鉴定异议回复意见,判决乙公司支付甲公司欠付工程款。乙公司申请再审称,鉴定人未出庭作证,法院即作出判决,违反法定程序,剥夺了其辩论权利。[1]

对于该案,存在三种不同观点。第一种观点认为,鉴定人在诉讼中的职能是陈述客观事实,鉴定意见是一种证据,鉴定人出庭是对鉴定意见进行解释说明,不属于当事人辩论的内容。鉴定人没有当庭作证但已就双方当事人的异议出具了书面回复意见,质证程序已经完成。《民事诉讼法》第81条关于鉴定人出庭的启动程序规定得不明确,而且本案不属于最高人民法院《关于适用〈中华人民共和国民事诉讼法〉的解释》(以下简称《民事诉讼法解释》)第391条规定的应认定为剥夺当事人辩论权利的情形。第二种观点认为,《民事诉讼法》第81条规定,当事人对鉴定意见有异议或者人民法院认为鉴定人有必要出庭的,鉴定人应当出庭作证。根据上述规定,鉴定人应当出庭作证的情形有两种:一是当事人有异议,二是人民法院认为有必要。该案中双方当事人都对鉴定意见提出异议,因此鉴定人应当出庭作证。原审法院未通知鉴定人出庭作证,违反法定程序,剥夺了当事人辩论权利。该案属于《民事诉讼法解释》第391条第4项规定的情形。第三种观点认为,鉴定意见是一个整体,包括鉴定人出具的鉴定意见及针对当事人异议的回复意见。该案中,鉴定人作出鉴

---

[1] 参见贺小荣主编:《最高人民法院第二巡回法庭法官会议纪要》(第1辑),人民法院出版社2019年版,第235~250页。

定意见后,双方当事人均提出异议,庭审中鉴定人未出庭,庭审后鉴定人出具了书面回复意见,此后,法院未再次开庭组织质证,且采信了鉴定意见,该案属于《民事诉讼法》第 207 条第 4 项规定的主要证据未经质证的情形。

基于法条的分析和司法实践,鉴定人出庭主要有两种情形:一是当事人对鉴定意见有异议。当事人提出鉴定申请,法院根据当事人的申请,委托双方当事人选定具有资质的鉴定人,鉴定人根据双方提供的经过质证的鉴定材料,依据专业的知识和方法,对鉴定事项出具书面意见。人民法院将鉴定意见送交双方当事人,如果双方当事人对鉴定意见均无异议,开庭时可以不再就鉴定意见进行质证,鉴定人自然无须出庭。如果双方当事人或一方当事人对鉴定意见提出异议,则需要在开庭时对鉴定意见进行质证,此时应当通知鉴定人出庭,接受当事人直接发问并回答有关专业性问题。二是法院认为鉴定人有必要出庭作证。例如,双方当事人均未提出异议,但鉴定所涉事项涉及公共利益或第三人合法权益等特殊情况,人民法院应当通知鉴定人出庭作证。同时,在法官根据案件审理的需要认为鉴定人应当出庭对鉴定意见进行说明的情形下,法官可以依职权要求鉴定人出庭作证。

然而,该案中双方当事人均对鉴定意见提出书面异议,法院未通知鉴定人出庭作证,鉴定人未出庭陈述鉴定意见,亦未接受当事人的质询和询问。在鉴定人未出庭作证的情况下,当事人作为非专业人士难以对鉴定意见进行充分质证,人民法院未履行通知鉴定人出庭作证的义务,违反法定程序,剥夺了当事人的辩论权。该案中,法院对鉴定人出具的鉴定异议回复意见未组织双方当事人质证,虽符合《民事诉讼法》第 207 条第 4 项规定的情形,但主要证据未经质证,实质上亦是剥夺了当事人的辩论权。根据《民事诉讼法解释》第 391 条的规定,"原审开庭过程中有下列情形之一的,应当认定为民事诉讼法第二百条第九项规定的剥夺当事人辩论权利:(一)不允许当事人发表辩论意见的;(二)应当开庭审理而未开庭审理的;(三)违反法律规定送达起诉状副本或者上诉状副本,致使当事人无法行使辩论权利的;(四)违法剥夺当事人辩论权利的其他情形"。该案件的关键是鉴定意见是否是案件的主要证据。如果属于主要证据,而主要证据未经质证,则属于剥夺当事人辩论权的情形。辩论主要围绕案件的实质性问题,不仅包括对案件事实陈述、对对方观点的反驳,而且也包括对证据的质证,对证据的质证自然也包括对鉴定意见的质证。丙咨询公司2017年7月26日出具的鉴定意见经过双方当事人质证,但丙咨询公司2017年9月9日针对当事人异议的回复意见未经过质证。鉴定异议回复意见通常是鉴定人就当事人提出异议进行审核,并对鉴定意见进行修改和完善而形成的意见,本身就是鉴定意见的组成部分。该案属于《民事诉讼法解释》第391条第4项"违法剥夺当事人辩论权利的其他情形"。

五、余论

就目前的司法鉴定问题而言,需要对《决定》进行修改,司法机关也应遵循鉴定本质和鉴定制度的司法制度定位以及司法文明发展要求。例如,关于鉴定费的分担问题。上诉人北京合创东方资产管理有限公司(以下简称合创公司)因与上诉人薛某林及被上诉人青岛天都房地产开发有限公司、青岛市黄岛区薛家岛街道办事处薛家岛一社区居民委员会股权转让纠纷案[1],不服山东省高级人民法院判决,向最高人民法院提起上诉。法院于2019年4月16日立案后,依法组成合议庭,开庭进行了审理。根据已查明事实,土地估价报告作出时间为2018年12月22日,合创公司于2018年12月24日申请撤回鉴定申请,同日一审法院已经收到技术室转来的该报告。在土地估价报告已经作出的情况下,合创公司自行撤回鉴定申请,由此导致的鉴定费应当由其自行承担。一审法院判令合创公司全额负担鉴定费,并无不当,其此项上诉理由不能成立。关于一审程序是否违法的问题,薛某林上诉主张,案涉土地估价报告作出之后,一审法院准许合创公司撤回该项鉴定申请,未组织质证,并准许撤回原诉讼请求第3项,程序违法。法院认为,根据《民事诉讼法》第76条关于"当事人可以就查明事实的专门性问题向人民法院申请鉴定"之规定,当事人有权申请鉴定,当然也有权撤回鉴定申请,此系当事人的程序上的处分权。因此,在土地估价报告作出之后,一审法院准许合创公司撤回鉴定申请,并无不当。由于一审法院已准许撤回鉴定申请,故该报告对该案的审理已无关联,不再作为证据使用,一审

---

[1] 参见山东省高级人民法院民事判决书,(2018)鲁民初106号。

法院未出示、组织质证,程序上并无不当。至于一审法院准许合创公司撤回诉讼请求的问题,合创公司撤回有关诉讼请求系其行使处分权的表现,一审法院在判决作出前准许亦无不当。[1] 该案问题在于当事人撤销鉴定而法院不再作为证据使用,缺少了鉴定意见是否能够查明案件事实真相?如果能够查明,当初同意鉴定申请是否存在多余?此外,司法解释如何对待鉴定人撤回鉴定意见以及鉴定人仅因鉴定意见能否作为被告人问题,[2] 诸如此类,尚需探讨。本文抛砖引玉式地提出这些问题,旨在引发学术界和实务界进行深入的探讨。

---

[1] 参见最高人民法院民事判决书,(2019)最高法民终608号。
[2] 参见郭华:《司法鉴定机构及鉴定人被告身份及民事责任的反思与省察》,载《中国司法鉴定》2019年第4期。

刑事责任能力评定的反思与重构

——《刑法》第 18 条的展开 *

孙大明**

《中华人民共和国刑法》(以下简称《刑法》)第 18 条由 1979 年《刑法》中的第 15 条修订而来。该法条的设立对于保障精神障碍者的基本权利,规范刑事司法活动,甚至在推动我国的司法精神医学学科发展等方面均发挥了至关重要的作用。我国的司法精神鉴定实践中,一直把该法条作为刑事责任能力鉴定的基本法律依据。然而,法律的发展与社会实践是相互联系、相互影响的,总结梳理我国数十年来在刑事责任能力鉴定方面的若干观点和经验,可以进一步正确、全面理解该法条的内涵及其在刑事责任能力评定活动中作为法定标准的地位。

一、我国《刑法》第 18 条的文本分析

我国现行《刑法》第 18 条共有 4 款,具体文本如下:

精神病人在不能辨认或者不能控制自己行为的时候造成危害结果,经法定程序鉴定确认的,不负刑事责任,但是应当责令他的家属或者监护人严加看管和医疗;在必要的时候,由政府强制医疗。

间歇性的精神病人在精神正常的时候犯罪,应当负刑事责任。

尚未完全丧失辨认或者控制自己行为能力的精神病人犯罪的,应当负刑事责

---

* 基金项目:上海市司法鉴定理论研究会课题(项目号:2020SSJYJ1001)。
** 华东政法大学刑事法学院副教授,硕士生导师,博士,主任法医师。主要从事司法鉴定理论和法医鉴定实务研究。

任,但是可以从轻或者减轻处罚。

醉酒的人犯罪,应当负刑事责任。

从上述《刑法》文本的规定可以看出,就像世界上大多数国家的立法一样,立法者回避了直接对刑事责任能力进行界定的立法模式。实际上是首先推定所有达到法定刑事责任年龄的被告人都是具有完全刑事责任能力的。只有在出现法定情形时,才依法予以免除和减轻刑事责任。相应地,此类涉案被告人的刑事责任能力也就是属于完全丧失和部分丧失的类型,亦称无刑事责任能力、限制刑事责任能力。

《刑法》第18条第1款规定,精神病人在不能辨认或者不能控制自己行为的时候造成危害结果,经法定程序鉴定确认的,不负刑事责任。这是我国刑法规定的完全丧失刑事责任能力的法定情形。被鉴定人首先应属于精神病人,至于究竟是属于精神医学领域的精神病性障碍人还是一般意义上的精神障碍患者,或者是属于一些学者认为的所谓的法律性精神病人,尚处于争议之中。司法精神鉴定实践中基本上是以我国国内和国际通用的精神障碍的诊断标准来作为鉴定诊断标准。至于是否应该专门制定法律上的精神障碍标准或名录,值得进一步深入研究。本文对此不作专门论述。

《刑法》第18条第2款规定,间歇性的精神病人在精神正常的时候犯罪,应当负刑事责任。该款规定主要是为了强调,在我国并不是只要确诊为精神病人就一定被评定为无刑事责任能力,关键是要看涉案当时的精神状态,是否处于发病期。对于间歇性的表述,虽然学者尤其是精神医学专家认为不符合医学表述习惯,但其基本内涵尚属于明确。笔者认为,间歇性基本等同于医学上的发作性。

《刑法》第18条第3款规定,尚未完全丧失辨认或者控制自己行为能力的精神病人犯罪的,应当负刑事责任,但是可以从轻或者减轻处罚。该款实际上是通过补充我国1979年《刑法》第15条的规定,在立法上认可了刑事责任能力存在完全和无行为的中间状态。即被鉴定人不属精神状态正常的完全刑事责任能力,也不是因精神障碍导致辨认能力或控制能力丧失的无刑事责任能力,而是属于两者之间的中间状态。该款的规定对于指导司法和鉴定实践起到了重要作用。也是司法和鉴定实践反向推动立法的一个典型实例。对于指导今后的实践和立法活动具有借鉴意义。

《刑法》第 18 条第 4 款规定,醉酒的人犯罪,应当负刑事责任。该款主要是明确普通醉酒的人属于我国刑法上完全刑事责任能力人。这一点与世界上其他国家的有关立法存在不同。有不少国家明确区分醉酒的原因、主观状态、有无过失、醉酒的性质(是否属于生理、病理性醉酒、复杂性醉酒等)。甚至有些国家和地区把醉酒问题和其他精神活动物质滥用问题结合起来进行立法。我国目前对于其他精神活性物质所致精神障碍问题并没有明文规定,这对此类案件的司法处置和鉴定标准的把握带来了不小的困难。

二、现行观点的反思与三要素论

(一)"有病无罪论"

所谓的"有病无罪论",其主要观点认为只要被鉴定人被鉴定诊断为患有精神障碍,尤其是精神分裂症等精神病性障碍,即可以评定其为无刑事责任能力,因而被法院判定不构成犯罪。这类观点在新中国成立后到 20 世纪 80 年代曾经在我国出现并流行过一段时间。目前而言,此学术观点已经不再占据主流地位,但仍然有一些影响。如目前有些学者认为,只要被鉴定人被确定诊断为精神分裂症等精神病性障碍,不管其涉案类型和情形如何,至少应评定其为限制刑事责任能力。对于这种观点,笔者认为是一种"折中的有病无罪论"。

(二)"两点论":医学要素与法学要素相结合的论点

医学要素与法学要素相结合的"两点论"是我国当前的主流观点。该观点认为,刑事责任能力评定过程中必须坚持医学诊断和辨认能力、控制能力两个要素相结合的原则。只有被鉴定人经鉴定诊断为患有某种精神障碍,才具备刑事责任能力评定的医学基础和前提。在具备了患病的医学基础之后,还要考察被鉴定人在涉案当时对涉案行为的辨认能力和控制能力状况,是否存在丧失或削弱的情况,最后根据辨认能力、控制能力完整、丧失还是部分丧失等不同状况作出与之对应的完全刑事责任能力、无刑事责任能力、限制刑事责任能力的评定意见。

笔者认为,该观点基本上能满足刑事责任能力评定的常规需要。但在一些特定情况下,单纯依靠两点论可能无法解决实际鉴定难题。例如,某案件中的被鉴定人确实患有某种精神障碍,但这种精神障碍属于强迫症等神经症,或者即使被鉴定人身患精神病性精神障碍,但当时处于基本缓解的状态,并没有明显的幻觉、妄想等精神病性症状,而涉案行为发生时在现实冲突、饮酒(尚未达到醉酒的程度)、个性缺陷等因素单独或综合作用下,导致生理性的激情发作,进而使被鉴定人对涉案行为的辨认和控制能力削弱或丧失,此时应如何评定其对涉案行为的刑事责任能力?单纯依靠上述的两点论似乎很难评断。因为被鉴定人患病,而且涉案当时的辨认能力和控制能力也有障碍,表面上看,似乎已经满足了评定限制刑事责任能力或无刑事责任能力的构成条件,但实际上,大部分鉴定人并不会因此作出此类鉴定意见。鉴定人实际上还要考察被鉴定人的辨认能力、控制能力丧失、部分丧失与其所患精神障碍之间的因果关系。因此,笔者认为,单纯的两点论并不能完全满足刑事责任能力评定的需要,有必要进一步深入研究《刑法》第 18 条规定的内涵及其对刑事责任能力评定的指导、规范作用。

(三)"动机论":另一种形式的一点论,只强调心理学要素

有学者提出了作案动机论,即如果被鉴定人作案行为为病理性动机,则无刑事责任能力;如果被鉴定人作案行为为混合动机(既有现实因素,又有疾病因素)、不明动机,则为部分刑事责任能力;如果被鉴定人作案行为基于现实动机,则应评定其对所涉案件具有完全刑事责任能力。[1]

所谓作案动机,是指促使危害行为发生的意向或内在动力。抢劫、杀人、强奸等暴力行为既可见于正常人犯罪,也可由精神障碍人实施。精神障碍人出现暴力行为时,在多大程度上是受普通犯罪心理所驱使,抑或在多大程度上受精神病理因素的影响,即判断是普通犯罪动机还是病理动机的促成,是一个非常困难的问题。单纯依据表面现象进行截然区分是比较冒险的。有一些动机不明或无明显动机的案件,常常引起司法机关对犯罪嫌疑人罹患精神障碍的怀疑,并及时提请鉴定。基于以上情况,可以说,被鉴定人实施危害行为的动机与自制力类似,并不能作为评定其刑事责任能力的唯一依据。只有在通过其他证据证实被鉴定人在案发时并未处于精神

---

[1] 参见刘艳红:《无刑事责任能力精神病人的范围及认定》,载《中南民族大学学报(人文社会科学版)》2003 年第 6 期。

障碍之中，作案动机才可以作为评定其对涉案行为的刑事责任能力时的重要论据参考。即使评定其危害行为受现实动机驱使，也不可单凭此一项便认定其具备完全刑事责任能力，同时还应考虑行为人在案发当时对其危害行为的辨认能力的其他要素以及控制能力是否受到损害。只有这样才不至于作出片面的判断。该理论虽然容易理解、看似操作简便但又失之简单。毕竟不是所有案件都能找到明确的作案动机，而且病理性动机也不能直接等同"不能辨认"和"不能控制"。

综上所述，该理论虽具有实用性，也存在一定的局限性，而且在法律上缺少明确而充分的依据。

(四)笔者观点："三要素论"

笔者认为，根据我国现行《刑法》的规定，精神障碍者的刑事责任能力评定标准只有一个，而且是法定的。既往不少论文、教科书中常常提出所谓的医学标准、法学标准或心理学标准等各种说法并不妥当。实际上关于精神障碍人的刑事责任能力，主要在我国《刑法》第18条进行了规定。这一法定条文本身就是精神障碍者刑事责任能力司法鉴定和司法认定的唯一的法定标准。在这一标准中强调了医学要素(精神病人)和心理学要素(对涉案行为的辨认或者控制能力丧失或部分丧失)以及因果关系要素(必须是因为精神障碍而导致上述结果)。这三个方面只不过是这一法定标准的三个不可或缺的基本要素，并不是三个标准。因此本文将采用医学要素、心理学要素和因果关系要素的表述方法来代替医学标准、法学标准(或心理学标准)的说法。

1. 医学要素

在评定被鉴定人对所涉案件是否具有刑事责任能力之前，鉴定人首先必须确定被鉴定人是否患精神疾病，属于何种精神疾病，即确定诊断。即使一时无分类学诊断也要确定症状学或状态诊断。这是最根本、最基础的要求，也就是既往所称的"医学标准"，这里笔者认为应称为医学要素或医学要件。医学要素是判定刑事责任能力的客观依据或基础之一。由精神鉴定人对被鉴定人进行各种精神检查、测验后并结合鉴定调查、资料审查等技术手段确定。在三要素中，医学要素是根本，精神障碍是刑事责任能力评定的生物学基础。医学要素中，除了需要明确被鉴定人在涉案当时的精神状态,疾病诊断,还要评估其疾病的分类、分期和严重性分级。

2. 心理学要素

所谓辨认能力,是指被鉴定人对涉案行为的是非、性质、后果、必要性等的认识能力。近年来,有学者借鉴国外的经验,在原有基础上提出了实质性辨认能力的概念。主要是为了解决除物理性认知障碍等显而易见的辨认能力损害之外的深层次的辨认能力障碍情形,如对于行为的必要性、社会意义等的认知障碍。所谓控制能力,是指被鉴定人在涉案行为当时选择实施或不实施涉案行为的能力。其评价对象是被鉴定人,评价内容是被鉴定人在涉案行为当时针对涉案行为的意向状态。评定精神障碍者对涉案行为的辨认能力和控制能力损害程度应从精神障碍者的作案动机、作案先兆、作案的诱因、作案时间和地点选择、作案对象和工具的选择、作案当时情绪反应、作案后逃避责任、审讯或检查时对犯罪事实掩盖、审讯或检查时有无伪装、对作案行为的罪错性认识、对作案后果的估计、生活自理能力、工作或学习能力、自知力、现实检验能力、自我控制能力等方面进行综合评定。心理学要素与刑事责任能力分级紧密相关。精神障碍者作案时其辨认或控制能力的损害程度与其刑事责任能力评定分级直接相关。

3. 因果关系要素

因果关系要素,在以前常常被人们忽略。近年来,人们开始广泛关注刑事责任能力鉴定过程中因果关系这一要素。在立法条文中,似乎并没有用很明确的字眼明确这一要求。现行《刑法》第 18 条规定:"精神病人在不能辨认或者不能控制自己行为的时候造成危害结果,经法定程序鉴定确认的,不负刑事责任……"在精神鉴定实务领域,大部分学者认可这一观点。认为除了应当考虑疾病诊断、辨认和控制能力状况以外,同时还应考虑精神疾病与辨认、控制能力损害之间的因果关系。当然,为了立法更加准确,笔者建议在刑法修订时可以考虑对现有条文进行如下修改:"精神障碍人因其所患精神障碍导致不能辨认或者不能控制自己行为而造成危害结果的,经法定程序鉴定并查证属实的,不负刑事责任……"与因果关系要素相似,有学者提出了"整体功能关联度学说",即评定标准是依据行为人当时的整体精神状态与作案行为之间内在因果联系。如果两者之间具有完全的关联度,则认为被鉴定人为无刑事责任能力人；如果两者之间具有部分关联度，则认为被鉴定人不具有刑事责任能力；如果两者之间没有关联度，则认为被鉴定人具有刑事责任能力。上述观点与本文所提出的因果关系要素有相似性，但并不完全相同。笔者认为，被鉴定人最终的刑事责任能力分级结果，应根据医学要素、心理学要素、因果关系要素等综合评定，此外，有时可能还受到刑事政策、法律法规及其他因素的影响。

根据司法鉴定过程中所掌握的有关精神病理现象，如种类、特征、严重性以及涉案行为在时间、特点、对象、自我保护等方面的特征等进行分析比较，可以将被鉴定人自身的精神病理因素与其对涉案行为的辨认或控制能力状况之间的因果关系分为以下三种基本情况：完全因果关系、部分因果关系、无因果关系。[1] 完全因果关系是指涉案行为直接为被鉴定人当时的精神症状所支配，无现实背景、因素。精神疾病整体特征或部分的精神症状作为原因直接导致涉案行为的发生。常见的如处于发病状态的精神分裂症患者，在其被害妄想的支配下，对其妄想对象实施伤害等暴力行为。此时被鉴定人的精神障碍与涉案行为之间形成明显的、强烈的因果关系。部分因果关系主要见于被鉴定人处于疾病缓解尚未痊愈的状态，涉案行为与精神症状之间有一定关联性等情况。无因果关系是指被鉴定人的涉案行为完全是出于现实原因而发生，其行为与非精神病人犯罪无异。被鉴定人虽然患有某种精神障碍，但病情轻微或与涉案行为之间没有任何内在关联性。

因果关系判断对于刑事责任能力评定非常重要，但在鉴定实践中，要非常清晰地判断病情与案情之间的因果关系并不容易。无论是精神障碍还是犯罪，都属于异质性范畴。其自身的分类也不够明确、精确。精神障碍与犯罪之间的关系，可谓复杂异常，尤其在当前精神医学研究不够深入、犯罪分类标准多样化的情况下，要厘清两者之间的关系在目前来说是很困难的。这里笔者仅从一般意义上对两者在理论上可能存在的几种因果关系提出初步的设想，具体如表1所示。

---

[1] 参见纪术茂等主编：《中国精神障碍者刑事责任能力评定案例集》，法律出版社2011年版，第13～14页。

表 1 精神障碍与犯罪之间因果关系

分类依据/标准	因果关系类型	
发展方向	因果关系	精神障碍导致犯罪
	果因关系	犯罪致精神障碍
	无关	两者无内在联系
	互为因果关系	精神障碍与犯罪互为因果、相互强化,属于共生关系
	同一事物的不同方面	两者本质同一,精神障碍和犯罪同属生命的不同表现,不同学科视角下的同一事物
联系强度（参与度）	完全因果关系	
	部分因果关系	主要因果关系
		（与其他因素）难分主次的因果关系
		次要因果关系
	无因果关系	
联系紧密度（有无中间环节）	直接因果关系	
	间接因果关系	
量化关系	一因一果关系	
	多因一果关系	
	多因多果关系	
	一因多果关系	

三、部分刑事责任能力的再分级

（一）现有"三分法"不能满足量刑规范化的实际需要

在司法界,一直有要求对限定责任能力进行再分级的呼声。由于不明确刑事责任能力丧失的具体程度而难以把握具体案件中量刑的幅度,加之执法意识、水平参差不齐等原因,实践中对情况大体相当的案件和犯罪人在量刑上经常差异巨大。这种情况显然不符合罪刑法定和罪责刑相适应的刑法原则,也不能满足法治统一的要求,已引起司法界的重视并希望能尽快改进。有学者建议在鉴定为限定责任能力时,应进一步根据行为人的个人情况和案件情况,对其责任能力的程度和等级进行再分级,从而为此类案件的刑罚适用提供更为具体、量化的依据。

(二)支持再分级的理由

对精神障碍者刑事责任能力等级的划分,在不同国家有不同的分级法。具有代表性的有二分法和三分法。二分法是将涉案精神障碍人的刑事责任能力分为完全刑事责任能力与无刑事责任能力。实行二分法的国家主要有西班牙、法国、奥地利、丹麦、阿根廷、挪威、瑞典、加拿大、印度、巴基斯坦、马来西亚等。三分法是将涉案精神障碍人的刑事责任能力分为完全刑事责任能力、限制刑事责任能力及无刑事责任能力。实行三分法的国家主要有意大利、瑞士、德国、泰国、韩国、日本、芬兰、巴西、英国、美国(部分州)等。[1] 在施行三分法的国家中,通常情况下,被认定为限制刑事责任能力的刑事被告人,对自己所实施的犯罪行为承担减轻刑事责任。然而在部分施行二分法的国家中,对那些尽管被评定为完全刑事责任能力,但患有精神障碍的刑事被告人,在处罚时也还是采用了相应的从轻或宽容的措施。这也许是从其他方面考虑而作出的判决。

在刑法上,关于刑事责任能力程度的分级主要有两分法、三分法和四分法等方法。两分法简单地将刑事责任能力划分为完全有刑事责任能力和完全无刑事责任能力两级,目前已较少见。三分法是在两分法的两级划分之间增加限制刑事责任能力这一中间状态,即行为人的刑事责任能力处于明显减弱状态,但并未完全丧失。四分法则是在三分法的基础上再增加相对无刑事责任能力这一级,即行为人只限于对刑法规定的某些重罪具有刑事责任能力而对其他类型犯罪则无刑事责任能力。三分法和四分法能够较好地反映出被鉴定人在刑事责任能力程度上可能存在明显差异的实际情况,故被大多数国家刑法所采用。我国现行《刑法》关于精神障碍人的

---

[1] 参见蔡伟雄:《再谈限定责任能力的分级问题》,载《中国司法鉴定》2006年第1期。

刑事责任能力的规定采用的是三分法,是在1979年《刑法》两分法的基础上作出的修改,是合理的、科学的。这是已被司法实践证实了的客观事实,并已得到了司法精神医学界和刑法学界的公认。[1]

因此从司法精神医学学科的性质出发考虑,司法实践的需要就是该学科的研究内容和目标,具体到实践层面而言,只要有合法的委托,鉴定人就应从技术角度加以研究,并尽力去解决。实践的能动发展反过来可以推动理论研究和立法。笔者认为,就像当年刑事责任能力分级从两分法走向三分法一样,今天的三分法将来亦会走向四分法、五分法。

在鉴定实践中我们也发现,辨认或控制能力削弱确实存在轻度、中度、严重的程度区别,为此,与之对应的责任能力的程度也应该是一个逐渐减低的过程,限定责任能力的一端接近完全责任能力,另一端接近无责任能力,为了更好地对限定责任能力加以区分,笔者认为,再对其划分为三级是必要的,这样也能使量刑工作更加精确和易于操作。现有研究也证实将限定责任能力分为大部分责任能力(接近完全责任能力)、部分责任能力和小部分责任能力(接近无责任能力)是具有可行性的。通过广泛征求同行和法律界专家的意见,并参考国外有关的责任能力评定工具,已有研究者编制了精神病人限定责任能力评定量表,并被证明具有良好的信度与效度,不仅可用于辅助日常有关刑事责任能力的评定工作,提高鉴定结论的科学性与一致性,减少不必要的重复鉴定次数,降低办案成本,维护司法鉴定的权威性,而且有助于量刑与质证工作,保证司法协调和谐,维护司法公正。刑事责任能力分级法详见表2。

---

[1] 参见陈霆宇:《刑事责任能力若干问题新探》,载《山东公安专科学校学报》2002年第4期。

表 2　刑事责任能力分级法

分类法	结果		依据及现状
两分法	有刑事责任能力		依据 1979 年《刑法》，已被三分法代替
	无刑事责任能力		
三分法	完全刑事责任能力		依据 1997 年《刑法》，目前的主流观点
	部分(限制)刑事责任能力		
	无刑事责任能力		
四分法	完全刑事责任能力		仅部分学者支持该观点，实践中基本无此类分类与表述
	部分刑事责任能力		
	无刑事责任能力		
	相对无刑事责任能力		
五分法	完全刑事责任能力		依据 1997 年《刑法》，本文作者支持该观点。该分类仅是对原三分法中的部分刑事责任能力再进一步细化，但并未突破和违反既有刑法规定
	部分刑事责任能力	大部分刑事责任能力	
		部分刑事责任能力	
		小部分刑事责任能力	
	无刑事责任能力		

注：相对无刑事责任能力，即行为人只限于对刑法规定的某些重罪具有刑事责任能力而对其他类型犯罪则不具有刑事责任能力。实际上，刑法中并无相关规定，只是一种理论学说。

四、三要素论视野下刑事责任能力分级的影响因素（见表3）

表3 三要素论视野下刑事责任能力分级的影响因素

医学要素		心理学要素	因果关系要素		刑事责任能力分级	
			因果分级	参与度	传统表述	量化表述
1.精神障碍分类（分型）	A.精神病性精神障碍	辨认能力损害程度 — 完全丧失	完全因果关系	100%	无刑事责任能力	0
	B.伴有精神病性症状的精神障碍	大部分丧失				
	C.非精神病性精神障碍	部分丧失	大部分因果关系	51%~99%	小部分刑事责任能力	1%~49%
	D.无精神障碍	小部分丧失				
2.精神障碍分期	A.发作期	完全丧失				
	B.潜伏期（前驱期）	未丧失				
	C.不全缓解期	完全丧失	相当因果关系	50%	部分刑事责任能力	50%
	D.残留期	大部分丧失				
	E.完全缓解期					
3.严重性分级	A.自知力（无／有）	控制能力损害程度 — 部分丧失	小部分因果关系	1%~49%	大部分刑事责任能力	51%~99%
	B.社会能力（严重受损／中级受损／轻度受损／未受损）	小部分丧失				
	C.现实检验能力（无／部分／完整）	未丧失	无因果关系	0	完全刑事责任能力	100%

注：虽然从图中看，刑事责任能力分级与因果关系分级似乎相对应，但笔者并不认为刑事责任能力的等级完全取决于因果关系的分级情况，而应该结合三要素综合评判。

五、其他需要改进之处

(一)"精神病人"的称谓有必要改为"精神障碍人"或"精神障碍患者"

我国当前的汉语环境下,"精神病人"用语具有较大的不确定性,即使在精神医学界对"精神病""精神病人"的内涵如何准确界定和理解也存在不同认识。同时,在我国现有文化背景下,较广泛范围内客观上存在针对精神疾病的歧视,加上患者及其家庭可能具有的病耻感,"精神病人"的表述容易引起人们产生不良联想。在此情况下,笔者认为将"精神病人"这一表述修改为"精神障碍人"或"精神障碍患者"有利于消除或减少前述弊端。"精神障碍人"或"精神障碍患者"的表述显得更加学术化、中性化,更加体现客观性,有利于摆脱先入为主的嫌疑。修改的另一个理由就是,新中国成立后首次颁布实施的2012年《中华人民共和国精神卫生法》中均采用"精神障碍""精神障碍患者""严重精神障碍"等表述。因此,刑法中作出相应的修改,有显著的合理性和可操作性。

(二)"经法定程序鉴定确认的"有必要修改为"经法定程序鉴定并查证属实的"

1997年《刑法》修订时,对1979年《刑法》第15条内容进行了增加,其中"经法定程序鉴定确认的"就是一个重要亮点。当时,在刑事司法实践中,启动刑事责任能力司法精神医学鉴定的不是常态,而是少数。大多数案件限于认识不足,鉴定条件、资源欠缺等因素并未及时启动司法鉴定程序。有些时候仅仅是根据临床病史资料等作出判断,存在较大的漏洞,容易引起司法不公和冤假错案。因此,为了保障刑事诉讼的程序规范性和实体正义,立法提出"经法定程序鉴定确认"的具体要求,对于推动我国的司法精神医学鉴定实务发展和保障刑事诉讼质量均起到至关重要的作用。时至今日,司法鉴定领域的立法和理论研究相比较1997年而言,均有了长足的发展和进步,很多认识也有了重要变化。司法鉴定作为诉讼中查明案件事实方面专门性问题的一种重要方法、手段,颇受人们的重视,但司法鉴定毕竟是一种第三方的、独立的专家意见,需要经过诉讼中的质证、认证活动,经过查证属实的司法鉴定意见才能作为司法裁判的定案依据。也就是说,司法鉴定意见并不完全等同于定案依据。司法人员和诉讼当事人、代理人享有对司法鉴定意见审查、质证和认证权利,对于司法人员来说,这也是一项重要的诉讼义务。因此,原有的立法表述,"经过法定程序鉴定确认的"就显得不合时宜了。鉴定意见本身仍需经过进一步查证,而不能直接"拿来就用"。司法人员在诉讼活动中担当鉴定意见"守门人"的角色。在此情况下,笔者建议《刑法》第 18 条应该尽快作出相应的修正完善。

(三)"间歇性"有必要修改为"缓解期"

在精神医学界,几乎没有使用"间歇性精神障碍"这样的表述,常用的类似表述有周期性精神障碍、发作性精神障碍、缓解期精神障碍,另外有的精神障碍的病程包括前驱期、发作期、缓解期、残留期等。现有立法中的"间歇性"的表述虽然基本上表达出了立法者想要表达的意思,但作为立法语言,仍应保持严谨、科学和准确。因此建议立法机关在刑法修正时完善表述。

(四)对醉酒后涉罪的规定应明确醉酒类型

在医学实践中,醉酒包括普通醉酒、病理性醉酒和复杂醉酒三种类型,其病因和病理机制各不相同。在司法鉴定实践中,通常将普通醉酒,又称生理性醉酒导致犯罪行为的,按照现行《刑法》第 18 条第 4 款的规定,评定为完全刑事责任能力人,或者由司法机关根据案情和有关证据认定为完全刑事责任能力人,没有启动司法鉴定的必要,而不作专门的司法精神医学鉴定。但对于病理性醉酒和介于普通醉酒与病理性醉酒之间的复杂性醉酒而言,两者应归类于《刑法》第 18 条第 1 款所规定的情况,病理性醉酒的本质不是因为酒精摄入过量导致精神上出现异常,而是与醉酒人本身特有的体质有关,常因较少的酒精摄入量便导致严重的意识障碍,并因此而产生相应的危害行为。如果经过司法鉴定确认属于典型的病理性醉酒,涉案行为与病理性醉酒导致的严重意识障碍或其他精神症状有直接的因果关系,通常被评定为无刑事责任能力。而复杂性醉酒者,则通常被评定为部分或限制刑事责任能力。鉴定的依据是《刑法》第 18 条第 3 款的规定。与此同时,对于慢性酒精中毒、非本人故意或过失导致的醉酒状态下出现犯罪行为的,应如何评价?对于后者世界上不少国家和地区均作出了排除性规定,作了非犯罪化的规定。我国需要进一步深入系统研究。本文限于篇幅,对此问题不作专门论述。

(五)对毒品所致精神障碍者涉罪问题应尽快作出明确规定

《刑法》第 18 条规定,醉酒的人犯罪,应当承担刑事责任,接受刑事处罚。对于吸食毒品的人犯罪的,是否应当承担刑事责任,现有法律并没有明确规定。《刑法》第18条的内容无法涵盖这一新情况,为了满足罪刑法定的原则,应及时完善立法。如果没有专门立法规定,吸食了新型毒品出现幻觉、妄想的精神症状的人,属于精神医学领域的毒品所致精神障碍人,即刑法中的"精神病人",而案发当时确实又因为毒品或精神症状因素导致其丧失了辨认能力或控制能力的,在形式上属于无刑事责任能力人。因此该问题的本质在于立法态度和立场问题。应该尽快开展专题研究,积极推动我国的刑法立法程序。在立法这一根本性解决办法实现之前,司法鉴定学界应积极研究,争取达成学术上的共识,统一不予评定,或统一评定为完全刑事责任能力人或其他意见。当然,这只是权宜之策。

综上所述,《刑法》第18条奠定了我国司法精神医学学科发展的基础,为刑事司法活动中确定涉案犯罪嫌疑人对所涉案件的刑事责任能力提供了法定标准,具有重要的学术理论和司法实务上的双重价值。但司法精神医学鉴定行业对该法条的理解和认识仍有待进一步提升和统一的必要。另外,随着毒品滥用问题的不断突出,对于毒品所致精神障碍者涉案,如何评价其刑事责任能力,亟须我国刑法予以明确,否则不利于对此类案件的依法、统一处置。

在此基础上,笔者尝试提出《刑法》第18条的修改建议稿,供立法部门和刑法专家参考。具体为:"精神障碍人因其所患精神障碍导致不能辨认或者不能控制自己行为而造成危害结果,经法定程序鉴定并查证属实的,不负刑事责任,但是应当责令他的家属或者监护人严加看管和医疗;在必要的时候,由政府强制医疗。

缓解期的精神障碍人在精神正常的时候犯罪,应当负刑事责任。

尚未完全丧失辨认或者控制自己行为能力的精神病人犯罪的,应当负刑事责任,但是可以视其刑事责任能力丧失程度予以从轻或者减轻处罚。

普通醉酒的人犯罪,应当负刑事责任。非法使用毒品导致精神障碍的人犯罪,应当负刑事责任。"

知识产权司法鉴定标准化探索

黄鹏飞*

党中央、国务院日益强调，标准在国家治理和经济社会发展中的支撑和引领作用。2020年11月，根据党中央依法治国的决策部署，结合国家质量强国战略和国家标准化战略，司法部印发《关于进一步深化改革 强化监管 提高司法鉴定质量和公信力的意见》（司发〔2020〕1号）（以下简称《司法鉴定深改34条》），明确提出加强标准化建设，按程序成立全国司法鉴定标准化技术委员会。加强司法鉴定标准化工作与刑事技术标准工作的协调衔接。依托行业优质资源和研究力量，加强标准制定、修订和推广实施工作，提高司法鉴定标准质量。探索全国司法鉴定机构服务标准化试点工作。这意味着司法部正式把司法鉴定标准化提上工作日程，并作为提高司法鉴定质量和公信力的突破口。《司法鉴定深改34条》还提出要加快信息化建设步伐：加快"智慧司鉴"建设，加强系统对接和数据汇聚，2021年6月底前建成统一数据库，一体实现网上审批、网上服务、执业监管、投诉处理、综合管理等功能。完善数据的共建、共享、共用机制，加强与办案机关、使用部门的衔接，推动信息互联互通。

自2005年全国人大常委会《关于司法鉴定管理问题的决定》颁布以来，如何确保做到"健全统一司法鉴定管理体制"成为包括实务界和学术界等共同关注的焦点话题。众所周知，统一的司法鉴定标准是保障司法公正、提升司法公信力的有效途径，也是保障"健全统一司法鉴定管理体制"实现的重要抓手。

---

* 上海市知识产权服务中心原主任，工学博士，教授级高级工程师，现任上海市质量监督检验技术研究院副院长。

2018年8月,司法部联合国家市场监督管理总局印发《关于规范和推进司法鉴定认证认可工作的通知》(司发通〔2018〕89号),明确要求加强司法鉴定机构认证认可工作,取得明显成效。但实践中各地各单位还存在认识不一致、工作衔接不顺畅等问题。为进一步规范工作程序,完善工作机制,加快推进司法鉴定资质认定工作,2019年12月,司法部联合国家市场监督管理总局印发《关于加快推进司法鉴定资质认定工作的指导意见》(司规〔2019〕4号),明确规定从事法医物证、法医毒物、微量物证、环境损害之外其他司法鉴定业务的检测实验室,可以其设立的法人或者其他组织的名义申请资质认定。已取得《司法鉴定许可证》的司法鉴定机构的检测实验室,由司法行政机关推荐,向市场监督管理部门申请资质认定。未经司法行政机关登记的法人或者其他组织,拟开展法医物证、法医毒物、微量物证、环境损害之外其他业务所需的检测实验室需要申请资质认定的,向市场监督管理部门申请资质认定。国家市场监管部门指导省级市场监管部门开展司法鉴定检测实验室资质认定工作,国家资质认定司法鉴定行业评审组给予技术支持。

2019年11月,中共中央办公厅、国务院办公厅联合印发《关于强化知识产权保护的意见》,明确提出"探索加强知识产权侵权鉴定能力建设,研究建立侵权损害评估制度,进一步加强司法鉴定机构专业化、程序规范化建设",对知识产权司法鉴定标准化提出了明确要求。

2020年7月,上海市司法局《上海市司法鉴定行业发展规划(2020—2022年)》明确提出开展司法鉴定标准化建设,推动司法鉴定行业标准化,建成结构合理、满足鉴定实际需要的司法鉴定标准体系。鼓励司法鉴定机构、鉴定人积极参与国家标准、行业标准、地方标准、团体标准以及技术规范的研制、修订工作,促进各类科技或研究成果在司法鉴定领域的转化和应用。充分发挥国家级司法鉴定服务标准化示范窗口的引领作用,推动本市司法鉴定机构窗口服务标准化建设。到2022年年底,形成一批涵盖各专业类别的综合型司法鉴定机构和具有特色的专科型司法鉴定机构,在重大疑难案件司法鉴定、核心技术攻关、标准研发制定等领域发挥显著带动效应;进一步提高通过省级以上资质认定或国家认证认可的司法鉴定机构比例;充分发挥司法鉴定领域国家级、省部级重点实验室(中心、基地)示范引领作用,推动行业整体发展。并结合党中央对上海和长三角一体化的要求，明确提出：加强本市司法鉴定网络平台、标准物质库、案例中心、文献中心等大数据平台和科研基础设施建设，建立大型仪器设备、数据共享协作机制。加强与长三角、长江经济带相关省份、行业协会、学会间沟通联系，建成覆盖司法鉴定各领域的专家人才库和司法鉴定领域知识服务平台，形成专家、资源共建共享新格局。

2020年11月16日，最高人民法院发布《关于知识产权民事诉讼证据的若干规定》（以下简称《知产证据规定》），该司法解释已于2020年11月18日施行。这是最高人民法院贯彻落实党中央决策部署，贯彻新发展理念，服务高质量发展，加强知识产权司法保护的重要举措。《知产证据规定》坚持问题导向，遵循民事诉讼证据一般规则，立足于知识产权诉讼特点和实际，对知识产权民事诉讼中问题较为突出的证据提交、证据保全、司法鉴定以及诉讼中的商业秘密保护等作出规定，适当减轻权利人举证负担，加强知识产权诉讼诚信体系建设。《知产证据规定》的颁布实施，对于解决知识产权民事诉讼中的"举证难"问题，降低维权成本，提升知识产权司法保护质效，推动营造市场化、法治化、国际化的营商环境，具有重要作用。《知产证据规定》第19条明确规定人民法院可以对待证事实的八类专门性问题委托鉴定。第20条明确规定经人民法院准许或者双方当事人同意，鉴定人可以将鉴定所涉部分检测事项委托其他检测机构进行检测，鉴定人对根据检测结果出具的鉴定意见承担法律责任。特别是第23条第3项明确指出，人民法院应当结合"鉴定方法和鉴定程序是否规范，技术手段是否可靠"对鉴定意见进行审查。值得注意的是，针对知识产权司法鉴定等四大类外的司法鉴定类别，第21条作出明确规定：鉴定业务领域未实行鉴定人和司法鉴定机构统一登记管理制度的，人民法院可以依照最高人民法院《关于民事诉讼证据的若干规定》第32条规定的鉴定人选任程序，确定具有相应技术水平的专业机构、专业人员鉴定。这充分说明知识产权司法鉴定等四大类外的司法鉴定类别助力审判的作用得到了最高人民法院的认可，是审判实践中不可或缺的一份力量。

根据国家质量强国战略、标准化战略和知识产权战略，基于我国知识产权司法鉴定现状及存在问题，开展知识产权司法鉴定标准化建设非常迫切。

一、知识产权司法鉴定标准化的现状

（一）知识产权司法鉴定概念

知识产权司法鉴定，是指依法取得有关知识产权司法鉴定资格的司法鉴定机构和鉴定人受司法机关或当事人委托，根据技术专家对本领域公知技术及相关专业技术的了解，并运用必要的检测、化验、分析手段，对被侵权的技术和相关技术的特征是否相同或者等同进行认定。具体包括：对技术转让合同标的是否成熟、实用，是否符合合同约定标准进行认定；对技术开发合同履行失败是否属于风险责任进行认定；对技术咨询、技术服务以及其他各种技术合同履行结果是否符合合同约定或者有关法定标准进行认定；对技术秘密是否构成法定技术条件进行认定；对其他知识产权诉讼中的技术争议进行鉴定并提供鉴定意见。

（二）知识产权司法鉴定内容

1. 商业秘密案件的司法鉴定：(1)权利人主张的信息是否不为公众所知悉；(2)权利人主张的信息是否具有经济性、实用性；(3)被控侵权方的信息与权利人的非公知信息是否相同或相似；(4)其他与商业秘密相关的鉴定事项。

2. 专利案件司法鉴定：(1)被控侵权产品或方法的技术特征与专利的技术特征是否相同或等同；(2)根据被告提供的证据材料，判定被控侵权技术是否属于原告专利申请日之前已经公开的公知公用技术；(3)被控侵权产品的外观设计是否与原告的外观设计专利相同或者近似；(4)被授予专利权的发明或者实用新型是否具备新颖性、创造性；(5)发明、实用新型专利说明书是否充分公开技术方案；(6)其他。

3. 著作权或版权案件司法鉴定：(1)权利人的作品是否具有独创性；(2)被控侵权作品与权利人的作品是否相同或相似；(3)软件著作权中对于软件代码是否具有同一性。

4. 商标案件司法鉴定：(1)被控侵权商标是否与权利人的注册商标相同或相近似；(2)其他。

5. 技术合同类案件司法鉴定：(1)技术开发合同、技术转让等合同的技术成果是否达到合同约定的技术标准或存在重大技术缺陷；(2)转让方履行技术转让合同所交付的技术文件资料是否符合合同约定的标准;(3)履行合同所作的技术指导是否符合合同约定的技术服务内容;(4)其他。

6. 集成电路布图设计案件司法鉴定:通过比对侵权产品与权利人的集成电路布图是否相同或者等同进行鉴定。

7. 其他知识产权案件司法鉴定:(1)被控侵权产品的名称、包装、装潢与权利人产品的名称、包装、装潢是否相同或相近似;(2)其他。

(三)知识产权司法鉴定标准化——提升公信力的有效途径

标准化的目的是"获得最佳秩序和社会效益",实现可推广、可复制的标准化模式,将标准化成果和经验推广到全行业乃至全社会。

提升公信力始终是知识产权司法鉴定最重要的问题之一。最近几年科学技术发展日新月异,涉及商业秘密、专利、商标、计算机软件著作权等知识产权的司法鉴定意见在诉讼中发挥越来越大的作用,法院、当事人、社会公众对知识产权司法鉴定的科学性、可重复性提出了越来越高的要求,引入知识产权司法鉴定标准化是目前各方公认可行的解决途径,也是科技发展、鉴定行业管理、司法实践的迫切需要,有助于司法鉴定行业管理,确立司法鉴定的质量保障体系,提升司法鉴定行业威信和鉴定意见的公信力。

(四)现有知识产权标准

关于知识产权,目前有不少标准,如表1所示。但有关于知识产权司法鉴定的标准还不多,这严重制约了知识产权司法鉴定的科学化,阻碍了知识产权司法鉴定的发展,影响了知识产权司法鉴定在司法审判中发挥应有的作用,客观上也导致可重复性、可验证性、科学性不足,影响知识产权司法鉴定的公信力。

表1 知识产权相关国家标准

序号	标准名称	实施日期	标准编号	主要起草单位
1	知识产权鉴定规范 第1部分:总则	2025年4月25日	GB/T 45563.1—2025	国家知识产权局、中国知识产权研究会、中国标准化研究院

续表

序号	标准名称	实施日期	标准编号	主要起草单位
2	知识产权鉴定规范 第2部分:专利	2025年4月25日	GB/T 45563.2—2025	国家知识产权局、中国知识产权研究会、中国标准化研究院
3	知识产权鉴定规范 第3部分:商标	2025年4月25日	GB/T 45563.3—2025	国家知识产权局、中国知识产权研究会、中国标准化研究院
4	知识产权(IP)核保护指南	2024年10月26日	GB/T 44777—2024	哈尔滨工业大学、合肥工业大学、中国电子技术标准化研究院
5	模拟/混合信号知识产权(IP)核交付项要求	2024年4月1日	GB/T 43452—2023	哈尔滨工业大学、合肥工业大学、中国电子技术标准化研究院
6	模拟/混合信号知识产权(IP)核文档结构指南	2024年4月1日	GB/T 43453—2023	哈尔滨工业大学、合肥工业大学、中国电子技术标准化研究院
7	模拟/混合信号知识产权(IP)核质量评测	2024年4月1日	GB/T 43455—2023	合肥工业大学、哈尔滨工业大学、中国电子技术标准化研究院
8	集成电路知识产权(IP)核设计要求	2023年12月28日	GB/T 43454—2023	中国兵器工业集团第二一四研究所、中国兵器标准化研究所、中国电子技术标准化研究院
9	企业知识产权合规管理体系 要求	2024年1月1日	GB/T 29490—2023	国家知识产权局、中国国际贸易促进委员会、中国标准化研究院、北京国之合创新与知识产权研究院

续表

序号	标准名称	实施日期	标准编号	主要起草单位
10	知识产权文献与信息 分类及代码	2023年10月1日	GB/T 21373—2023	国家知识产权局
11	商品交易市场知识产权保护规范	2023年7月1日	GB/T 42293—2022	国家知识产权局、中国标准化研究院
12	电子商务平台知识产权保护管理	2021年6月1日	GB/T 39550—2020	国家知识产权局、中国标准化研究院、国家知识产权局知识产权发展研究中心
13	知识产权分析评议服务 服务规范	2019年10月1日	GB/T 37286—2019	国家知识产权局、中国标准化研究院
14	科研组织知识产权管理规范	2017年1月1日	GB/T 33250—2016	国家知识产权局、中国科学院、中国标准化研究院
15	高等学校知识产权管理规范	2017年1月1日	GB/T 33251—2016	国家知识产权局、教育部、中国标准化研究院
16	科学技术研究项目知识产权管理	2016年7月1日	GB/T 32089—2015	中国标准化研究院
17	知识产权文献与信息 基本词汇	2008年6月1日	GB/T 21374—2008	国家知识产权局

二、存在问题及原因(必要性)

当前,知识产权司法鉴定标准化,在机构设置和业务管理方面均面临困难。比如,根据全国人民代表大会常务委员会《关于司法鉴定管理问题的决定》、中共中央办公厅、国务院办公厅印发《关于健全统一司法鉴定管理体制的实施意见》等文件精神,上海市所有的知识产权司法鉴定机构属于除法医类、物证类、声像资料类、环境损害类"四类外"的司法鉴定机构,面临地方司法局无法依法监管,需要注销资质、推向社会化管理的不利处境。

2020年5月1日正式施行的《上海市司法鉴定管理条例》作为上海市首部关于司法鉴定的地方性法规,凝结了20多年来司法鉴定的管理经验,直面行业管理的难点、痛点,回应办案机关和群众的关切、需求,将知识产权司法鉴定与司法会计、建设工程等领域都列入"四类外"司法鉴定。鉴于"四类外"鉴定业务也需要通过立法来规范,因此,该条例明确,有关法律、行政法规对这些司法鉴定机构应当具备的条件和监督管理已有规定的,应当依照有关法律、行政法规的规定执行;相关行业部门应对其主管的司法鉴定机构、鉴定人依法实施资格资质许可管理。如此,各部门按照各自职责,齐抓共管形成合力,共同做好司法鉴定管理工作。

虽然全国人大和地方立法层面在取消知识产权司法鉴定管理的同时,提到"推向相关行业部门管理",但客观上,相关行业主管部门在自身三定方案和日常工作中缺乏对知识产权司法鉴定的了解和经验,客观上难以对知识产权司法鉴定进行规范和管理;而司法案件又不同于普通市场化技术服务事项,在缺乏严管理、严要求的前提下,知识产权司法鉴定机构能否够科学、客观、公平、公正地提供鉴定意见,可能会受到双方当事人、代理人的挑战,特别是公检法等办案机关能否依据这类市场化服务的鉴定意见开展立案、审查以及准确进行案件的裁判,也同样会受到双方当事人质疑。因此,知识产权司法鉴定标准化势在必行,通过标准化统一鉴定流程、统一鉴定内容、统一鉴定行为等,避免出现五花八门、存在歧义的鉴定报告,影响知识产权司法鉴定的科学性、客观性和可重复性。鉴于此,知识产权司法鉴定标准化在长三角一体化乃至全国都存在大量现实需求。

三、特色(区别于其他四大类鉴定领域)

知识产权司法鉴定发挥的积极作用体现在方方面面。司法鉴定制度是我国司法制度的重要组成部分,是促进司法公正和社会公平正义的重要保障。在国家经济结构性改革、上海市"科创中心"建设和科创板的推动与发行、长三角一体化建设以及上海自贸区新片区的开拓三大新的任务的迫切要求前提下,加强知识产权保护、打造良好营商环境的重要性提到了前所未有的高度。

(一)以上海市为例分析知识产权司法鉴定行业社会效益

知识产权司法鉴定对上海"五个中心"和"四大品牌"建设具有重要意义。2006

年以来,上海市知识产权司法鉴定行业立足上海、面向长三角、服务全国,根据"体系化、专业化、高端化、国际化"的建设原则,做强做优知识产权司法鉴定主业,聚焦四方面工作目标:(1)知识产权司法鉴定体系更加健全,覆盖所有类型知识产权的司法鉴定;(2)知识产权司法鉴定水平大幅提升,在服务科创中心、"一带一路"、自贸区、"中国制造2025"等国家倡议和战略中发挥研发启示和风险规避等积极作用,推动上海司法鉴定服务向品质化、高端化发展;(3)知识产权司法鉴定基础不断夯实,继续完善司法鉴定服务专业平台,培育和扩大司法鉴定人才队伍,提升服务工作基础效能;(4)知识产权司法鉴定效益充分显现。

(二)对上海"五个中心"和"四大品牌"建设的重要意义

1. 服务科创中心建设。创新是引领发展的第一动力,保护知识产权就是保护创新。知识产权司法鉴定服务是知识产权服务的重要一环。党的十九大报告中明确要求,强化知识产权创造、保护和运用。党的二十大报告强调,要加强知识产权法治保障,形成全面创新的基础制度。"强化"的含义包括保护水平更高、力度更大,建设创新型国家必须强化知识产权工作。具体体现在:通过第三方专业、公正的知识产权司法鉴定,为产业和企业科技创新选准研发方向提供启示,确保国家产业安全。

2. 服务营商环境优化。由于知识产权的特殊性和经济活动的多变性,相对于知识产权创造突飞猛进和知识产权运用的稳步发展,目前知识产权保护效果仍不尽如人意,知识产权司法鉴定是提升保护效果、营造良好营商环境的有力支撑。另外,知识产权司法审判离不开知识产权司法鉴定。近年来司法改革的成果之一——上海知识产权法院,每年有不少需要委托知识产权司法鉴定的疑难案件。具体表现在:为"大众创业、万众创新"中快速成长的中小微企业和双创团队在知识产权运用和保护等方面提供侵权比对服务。

3. 服务"一带一路"国家倡议。国务院《关于印发"十三五"国家知识产权保护和运用规划的通知》(国发〔2016〕86号)明确提出:加强与"一带一路"共建国家、金砖国家的知识产权交流合作。完善"中国制造"知识产权布局。围绕"中国制造2025"的重点领域和"互联网+"行动的关键环节,形成一批产业关键核心共性技术知识产权。实施制造业知识产权协同运用推进工程,在制造业创新中心建设等重大工程实施中支持骨干企业、高校、科研院所协同创新、联合研发,形成一批产业化导向的专利组合,强化创新成果转化运用。具体体现在:通过第三方专业、公正的知识产权司法鉴定,为我国企业"走出去"、布局"一带一路"目标市场保驾护航。

4. 服务上海"四大品牌"建设,提升服务经济能级。2017年12月,上海市委提出全力打响"上海服务、制造、购物、文化"四大品牌,以"上海服务"领衔四大品牌,其中的关键是提升"服务能级",而"四类外"尤其是知识产权司法鉴定服务恰恰是体现上海"服务能级"的重要组成部分之一。科创中心大背景下,各类企业逐渐开始重视知识产权,外资企业尤其重视知识产权。当前外资企业投诉或起诉我国企业的案件越来越多,我国需要发展知识产权司法鉴定机构和队伍来应对这一挑战。

5. 服务民生和矛盾纠纷化解。为社会公众利用电商平台购物和数量繁多的各类大型展会提供快速侵权判定和维权服务。

6. 服务长三角一体化。司法鉴定制度是我国司法制度的重要组成部分,是促进司法公正和社会公平正义的重要保障。随着知识产权司法保护体系的不断完善、保护力度的不断加强,知识产权司法鉴定已经成为知识产权保护的核心要素之一。全国特别是长三角地区如江苏省、浙江省的公检法等办案机关将大量知识产权司法鉴定案件委托上海市知识产权司法鉴定机构实施鉴定,客观上对长三角司法鉴定服务一体化作出了积极的贡献。

四、主要方面(人员资质、机构资质、程序、技术评价、意见表述、文书格式、出庭作证等)

近年来,上海市司法局积极推进司法鉴定管理理念、制度和实践创新,全面加强事中事后监管,为司法鉴定管理积累了很多有益经验。上海市知识产权司法鉴定机构近年来为国内的知识产权保护工作提供了有力支撑。2006年以来,上海市知识产权司法鉴定机构开展了数百件疑难知识产权案件的技术鉴定工作,既涉及高通公司与苹果公司这类具有世界影响力的国际大公司的专利侵权知识产权诉讼案件,也涉及凯赛公司与翰林公司这类发生于中小成长企业之间的疑难技术商业秘密侵权诉讼案件。知识产权司法鉴定工作对办案机关准确、高效裁判以及营造公平、有序的良性竞争环境具有支撑作用,提升了上海司法鉴定的声誉。

随着知识产权司法保护体系的不断完善、保护力度的不断加强,知识产权司法鉴定已经成为知识产权保护的核心要素之一,具有如下现实需求。

(一)知识产权案件的立案阶段需要知识产权司法鉴定

知识产权类的诉讼案件种类多样,主要包括专利、商标、著作权、集成电路布图设计、商业秘密等侵权纠纷,其中有些纠纷既涉及民事案件,也涉及侵犯商业秘密等刑事案件。这些案件大都关系到企业的生产经营乃至生存、上市融资甚至涉案人员的人身自由,在依法治国的前提下,案件的受理需要有较强的证据支撑。在目前的司法实践中,随着科技的不断发展,知识产权案件中面临的事实技术调查难度不断增加,特别是以商业秘密和专利侵权纠纷案件为例,基本上需要通过知识产权司法鉴定来查清事实,并将鉴定意见作为立案、侦查以及定案的重要依据之一。如果取消知识产权司法鉴定,将显著增加权利人的维权难度和公检法等办案机关的立案、定案难度,严重影响诉讼效率,这与知识产权强保护、严保护的方向相背而行。

(二)疑难知识产权案件的侵权审理需要知识产权司法鉴定

知识产权案件,尤其是专利侵权或商业秘密侵权案件,涉案知识产权和涉嫌侵权产品、技术方案经常涉及前沿、疑难的技术问题。公安机关、法院等办案机关的办案人员乃至新设立的技术调查官,由于专业技术背景、经验等原因,很难及时对其中的技术问题进行准确判断。早期的专家证人由于缺乏知识产权相关法律知识,也很难对与技术事实相关联的法律关系问题进行准确把握和判断。

(三)知识产权案件审理的公平正义需要司法鉴定作支撑

虽然有关层面在取消知识产权司法鉴定管理的同时,提到"推向各行业管理",但司法案件不同于普通市场化技术服务事项。在缺乏严管理、严要求的情况下,普通市场服务机构是否能够科学、客观、公平、公正地提供鉴定意见,可能会受到双方当事人、代理人的挑战。办案机关能否依据这类市场化服务的咨询意见开展立案、审查以及准确进行案件的裁判也可能会受到质疑。因此,知识产权司法鉴定标准化势在必行,在长三角一体化乃至全国都存在大量的现实需求。

最高人民法院《关于全面加强知识产权司法保护的意见》(法发〔2020〕11号)规定:"依法惩治知识产权犯罪行为。严厉打击侵害知识产权的犯罪行为,进一步推进以审判为中心的刑事诉讼制度改革,切实落实庭审实质化要求,完善鉴定程序,规范鉴定人出庭作证制度和认罪认罚从宽制度。准确把握知识产权刑事法律关系与民事法律关系的界限,强化罚金刑的适用,对以盗窃、威胁、利诱等非法手段获取商业秘密以及其他社会危害性大的犯罪行为,依法从严从重处罚,有效发挥刑罚惩治和震慑知识产权犯罪的功能";"严格依法掌握委托鉴定、中止诉讼、发回重审等审查标准,减少不必要的时间消耗。依法支持知识产权行为保全申请,为裁判的及时执行创造条件";"构建技术调查官、技术咨询专家、技术鉴定人员、专家辅助人参与诉讼活动的技术事实查明机制,提高技术事实查明的中立性、客观性、科学性"。该意见从鉴定程序、鉴定人员、委托鉴定、出庭作证等方面对知识产权司法鉴定的标准化提出了要求。

《标准化法》(2018年1月1日实施)已明确提出,国家鼓励企业、社会团体和教育、科研机构等开展或者参与标准化工作;国家支持在重要行业、战略性新兴产业、关键共性技术等领域利用自主创新技术制定团体标准、企业标准。知识产权司法鉴定标准化工作更倾向于接近一线业务的行业协会,充分发挥司法鉴定行业协会优势,引导和激励关于知识产权司法鉴定的标准制定和运用。

五、国内发达省市知识产权司法鉴定管理经验的借鉴价值

据了解,全国对知识产权司法鉴定机构并非采取"四类外"司法鉴定机构"一刀切"的处理。北京市、广东省目前都尚未将知识产权司法鉴定机构注销资质,仍延续之前的管理体制,保留知识产权司法鉴定机构和鉴定人的资质,客观上促进了该地区知识产权司法鉴定行业的健康良性发展。

首先,北京市作为我国知识产权保护的高地,除了知识产权局等行政部门设置在北京外,基本上全国二审知识产权案件都聚集到最高人民法院进行审理,因此北京具有最大的知识产权鉴定的需求,也是全国知识产权司法鉴定机构最多的省市。

考虑到上述现状,目前北京的知识产权司法鉴定机构和鉴定人处于正常管理、执业状态。

其次,广东省目前是我国创新最活跃的省市之一,2017年广东省司法厅明确通过"粤司办〔2017〕517号"文件,将知识产权司法鉴定作为自贸区先行先试事项予以保留。

中国政法大学证据科学研究院依托法大法庭科学技术鉴定研究所这一国家级司法鉴定机构的司法鉴定优势,于2017年成立了中国法庭科学标准研究中心,积极在法庭科学/司法鉴定标准建设方面进行各种有益的尝试,包括申报行业标准立项、进行国内外标准的比较研究、主持或参与标准研制、开展标准培训。与此同时,其分别于2017年7月、2018年5月率先在全国成功主办了两届法庭科学标准建设研讨会。

中国法庭科学标准建设研讨会吸引了来自公安机关、检察机关、法院、司法行政部门、高等院校、卫生部门、国家标准委员会、保险机构、司法鉴定机构等系统或实务部门的专家学者参与,以全方位、多维度的视角,深入剖析法庭科学标准建设中的困境和问题,积极探讨标准改革的方向和措施,取得了较好的业内声誉,对于搭建法庭科学领域相关行业和部门的学术交流平台,推动法庭科学标准化建设带来积极的影响。

六、国外知识产权司法鉴定标准化建设

通过分析国际两大法系司法鉴定行业发展经验,可以发现大陆法系国家如荷兰采取做精做强社会司法鉴定机构、建设权威司法鉴定机构、推进司法鉴定机构认证认可等标准化的做法,日本采取确定统一的权威性司法鉴定机构、落实司法鉴定人员考核制度、实行司法鉴定人员个人负责制、司法鉴定证据接受法庭审查和当事人质证等标准化做法,都从客观上促进了司法鉴定机构的标准化,进而提升公信力。

英美法系(如英国)基于诉权平衡理念,对隶属于内务部和警察局的司法鉴定机构剥离,吸收借鉴了大陆法系的统一登记注册管理制度,法院处于超然地位,政府积极发挥司法鉴定管理行业协会和学会(包括司法鉴定人执业注册委员会CREP和司法鉴定学术团体)的管理权能和积极作用,推进司法鉴定管理改革。从英国司法鉴定的发展经验可看出,将多学科、多行业的鉴定纳入统一的准入登记管理是东西方的共同趋向,市场经济模式下司法鉴定的统一管理应当是开放式的统一。

鉴于此,建议加强国际学术交流,结合我国实际进行标准采用或转化,实现我国标准与国际标准的融合、一致以及共同发展。比如,在标准研制过程中,专业领域内的有关概念和术语体系、分类类目、编码系统等应与国际接轨。

在我国,法庭科学/司法鉴定标准分为国家标准和行业标准。相关文献显示:截至2016年6月,中国法庭科学领域国家标准和行业标准总量达370余项,内容涉及法庭科学专业发展的多个领域,覆盖了毒化、理化、法医、指纹、痕迹、照相、电子物证、文件检验鉴定、刑事信息、刑事技术产品、现场勘查、智能语音技术和心理测试技术等多个专业。依据标准的等级及适用范围,对已立项的国家标准和行业标准所占比例进行了统计,"行业标准"占总项目的92%,"国家标准"占法庭科学领域标准总量的8%。

七、我国知识产权司法鉴定近期及中长期发展建议

(一)近期发展建议

建议在上海自贸区临港新片区开展知识产权司法鉴定,以服务上海"五个中心"建设。

前期上海市司法局带领全市有代表性司法鉴定机构就对接上海自贸区临港新片区开展了专题调研,得到临港新片区管委会的热烈欢迎,达成了合作意向。近年来,上海市多家知识产权司法鉴定机构入驻临港新片区企业服务中心,定期为新片区企业提供知识产权司法鉴定个性化咨询与培训,广受企业好评。

基于上海自贸区临港新片区对知识产权司法鉴定服务的迫切需求,根据国务院《关于在中国(上海)自由贸易试验区内暂时调整有关行政法规和国务院文件规定的行政审批或者准入特别管理措施的决定》(国发〔2013〕51号)以及2019年国务院印发的《中国(上海)自由贸易试验区临港新片区总体方案》的精神,建议司法部商最高人民法院,在上海自贸区临港新片区开展知识产权司法鉴定机构及鉴定人注册

审批，中止全国人民代表大会常务委员会《关于司法鉴定管理问题的决定》在上海自贸区的实施，将知识产权司法鉴定作为自贸区先行先试事项，将机构注册在自贸区，延续之前对知识产权司法鉴定机构的管理体制，保留司法鉴定机构和鉴定人的资质，保障知识产权司法鉴定行业的健康良性发展，直接服务上海市知识产权法院乃至全国知识产权法院审判工作，有利于打响"上海服务"品牌，对上海市建设科创中心和推进科创板、长三角一体化发展以及上海自贸区临港新片区建设、优化营商环境吸引外资企业落户起到积极的作用。急需得到司法部大力支持和协调解决。

知识产权司法鉴定服务将进一步优化临港新片区营商环境。2019年7月27日，国务院印发《中国（上海）自由贸易试验区临港新片区总体方案》。上海市政府有关负责人表示，临港新片区突出产业发展，将集聚发展集成电路、生物医药、人工智能、航空航天等我国高质量发展急需产业的关键环节和技术，目标是"建设具有国际市场竞争力的开放型产业体系"。临港新片区的战略任务除了主动服务"一带一路"倡议和长江经济带发展国家战略外，进一步强调服务和融入长三角一体化发展战略。临港新片区强调要打造"更具国际市场影响力和竞争力的特殊经济功能区"，建设拓展金融、贸易、航运领域和总部经济的国际市场服务能力，整体提升前沿科技产业能级，加快形成更加开放的市场规则体系。

上述定位和发展目标都表明，知识产权司法鉴定在临港新城将发挥重要的作用。第一，有利于发挥服务重点产业科技创新和规避知识产权法律风险的重要作用；第二，有利于在遇到知识产权法律纠纷或诉讼时，维护企业合法权益；第三，有利于在临港新城自贸区新片区集聚知识产权服务高端机构，形成保护与运用知识产权的良好氛围，优化临港新城营商环境，吸引内外资企业项目落地。

(二) 中长期发展建议

知识产权司法鉴定标准化既是一个迫切需要解决的问题，也是一个具有长期性、需要积累经验的过程。从中长期来看，组建知识产权司法鉴定标准化专家委员会，着手商议标准化事宜，制订标准化计划，逐步推进标准化，以鉴定实践和司法实践来验证标准化成效，修正和完善标准化工作，进而达到促进知识产权司法鉴定充分发挥服务司法审判、侵权判定、保护知识产权和研发启示等多方面作用。

1. 基本原则:体系化原则、专业化原则、高端化原则、国际化原则。

2. 工作目标:

(1)知识产权司法鉴定体系更加健全,覆盖所有类型的知识产权司法鉴定。

(2)知识产权司法鉴定水平大幅提升,在服务科创中心、"一带一路"倡议、自贸区、"中国制造2025"等国家倡议和战略中发挥研发启示和风险规避等积极作用,推动上海司法鉴定服务向品质化、高端化发展。

(3)知识产权司法鉴定基础不断夯实,继续完善司法鉴定服务专业平台,培育和扩大知识产权司法鉴定人才队伍,提升服务工作基础效能。

(4)知识产权司法鉴定效益充分显现。通过第三方专业、公正的知识产权司法鉴定,为我国企业走出去,布局"一带一路"目标市场保驾护航;为产业和企业科技创新选准研发方向、提供启示;为"大众创业、万众创新"中快速成长的中小微企业和双创团队在知识产权运用和保护等方面提供侵权比对服务;为社会公众利用电商平台购物和数量繁多的各类大型展会提供快速侵权判定和维权服务。

3. 主要任务:一是服务科创中心建设;二是服务营商环境优化;三是服务"一带一路"倡议;四是服务上海四大品牌建设,提升服务经济能级;五是服务民生和矛盾纠纷化解。

4. 保障措施:

(1)强化司法鉴定工作协调推进(市司法局统筹各方资源,依托协会平台,协调推进)。

依托本市高等院校、科研院所、各类实验室软硬件平台资源,加强本市知识产权司法鉴定机构和人才队伍建设,确保为上海知识产权法院、科创中心和自贸区建设、"一带一路"倡议、"中国制造2025"等提供高水平的知识产权司法鉴定服务,具备开展各类知识产权侵权判定的能力。

借助上海研发公共服务平台和上海科技创新资源数据中心等平台,完善涉及知识产权的各项检验项目,加强对专利技术、商业秘密、商标、版权等知识产权司法鉴定能力建设。

保持并发展本市对专利技术、商业秘密、商标、版权等知识产权进行司法鉴定的能力,服务本市知识产权工作。

对本市知识产权司法鉴定机构实行"统筹规划、合理布局、优化结构、有序发展"原则。根据立足上海、面向长三角、服务全国的要求,做强做优已有机构;新申报知识产权司法鉴定机构应具有特色(包含已有机构未涉及的知识产权司法鉴定类型),否则不予批复。引导、鼓励小规模、特色不突出、人员设备条件薄弱的知识产权司法鉴定机构进行重组、合并,并限制审批此类新设机构。

做好社会公众知识产权维权援助的知识产权司法鉴定工作,落实中央要求,服务好民生。

建成上海市知识产权司法鉴定专家库和案例库,持续提升本市知识产权司法鉴定人的业务水平,提高解决复杂疑难的知识产权司法鉴定能力。具备条件时辐射至长江经济带和长三角区域。

加强本市知识产权司法鉴定的标准化工作。鼓励研制知识产权司法鉴定地方标准、团体标准等。

加强军地在知识产权司法鉴定领域的合作共建。知识产权属于军地需要的学科,依据中央对军民融合的要求、《国防专利条例》、国家知识产权局办公室和中央军委装备发展部办公厅《关于开展知识产权军民融合试点工作的通知》(国知办发管字〔2018〕10号),目前联系共建尚有待加强。

(2)加强司法鉴定政策支持(专项资金、人才落户加分等)。针对不同知识产权类型出台精准的扶持政策、配套资金和人才培养计划,将知识产权司法鉴定人列入市区紧缺人才加分项目。

上海目前有多家司法鉴定机构具有知识产权司法鉴定资质,这些机构各具特色,已经具备良好的技术力量,值得今后进一步加强建设。上海市作为特大型国际城市,有必要加强涉及专利、商业秘密、商标、版权、集成电路布图设计、地理标志等案件、事件的知识产权司法鉴定能力建设。另外,知识产权司法鉴定涉及很多配套的检验、检测项目,如专利技术检测、电子数据提取与分析等,需要建立完善的配套协作平台。

（3）加大司法鉴定宣传培训（宣传典型案例、先进人物和突出成就等）。

（4）加强人才队伍建设（坚持国际视野，培养立足上海、面向长三角地区、服务全国的司法鉴定专业人才队伍）。同济大学、华东政法大学、上海大学等高等院校有知识产权专业本科、硕士和博士点，上海科研院所和高校丰富的实验室、仪器资源、人才队伍等也具有较好的基础，有必要进一步加强建设。截至2019年年底，上海市所有知识产权司法鉴定机构均通过省级以上资质认定或国家认可。所均知识产权司法鉴定人不低于8人，本科以上学历知识产权司法鉴定人不低于90%。硕士以上学历知识产权司法鉴定人不低于30%。

八、小结

标委会成立后，亟须建立健全司法鉴定行业标准化的制度设计，建立并完成《司法鉴定标准化管理办法》《司法鉴定标准制修订管理办法》《司法鉴定标准化技术委员会章程》等规章制度，同时以标委会的组织建设为抓手，推动标准制修订、技术委员会组建、委员选任等工作的完善，以制度约束和机制保障推进司法鉴定行业标准化工作的长远和可持续发展。

2016年司法部颁布的《司法鉴定程序通则》第23条对司法鉴定人进行鉴定时应该遵守的技术标准、技术规范和技术方法作了明确规定。对于标准体系尚未覆盖的个性化、差异化内容，各机构也可结合工作实际，制定机构内部的服务规范，同时加强领域内外相关行业和部门的交流与研讨，以增强标准建设的自主创新能力和活力。

随着国家质量标准的不断提升，以及公民法治意识和知识产权保护意识的不断增强，知识产权司法鉴定服务标准化将面临更大的机遇和挑战，持续推进标准实施、协调处理好标准化体系与质量管理体系之间的关系、体系内部服务标准与技术标准之间的关系，将标准化的系统功能发挥到最大效应，以实现"依法治国"与"质量强国"的有机融合。

我国死因调查与鉴定制度完善研究*

鞠杨波**

2015年,广东"毒保姆"案中,先后有9位老人被认定为自然死亡,相关案件未能进入刑事侦查程序,导致法院最终仅以一次故意杀人行为对"毒保姆"定罪处罚,暴露了我国死因调查制度存在死亡报告阙如、死因认定水平不足的问题。二十多年前的"黄某案"死因调查一波三折,完全依赖于法医病理鉴定,暴露出死因调查手段鉴定化的倾向。由此看来,我国死因调查制度存在一些问题尚待解决。

为完善我国公民非常死亡调查与鉴定制度,2017年中央全面深化改革领导小组(现为中央全面深化改革领导委员会)通过了《关于健全统一司法鉴定管理体制的实施意见》(以下简称《实施意见》)。为贯彻落实《实施意见》,司法部〔2019〕50号文公布了公民非正常死亡法医司法鉴定机构的遴选结果,进一步推动死因调查和鉴定制度的建构。《实施意见》的创新之处在于,其对未涉及刑事诉讼以及与执法、羁押相关的非正常死亡调查制度作出了特别规定,回应了社会热点案件引发的公众焦虑,一定意义上指明了我国非正常死亡调查制度改革方向,本文将以此为切入点展开论述。

一、我国死亡调查制度立法与实践现状

我国大部分死亡案件、事件先由公安机关初步调查,经初步判断可能涉嫌刑事犯罪的案件,公安机关将启动刑事侦查程序调查死因,若判断死亡案件/事件排除刑

---

* 国家哲学社会科学基金项目,课题名称"司法鉴定标准化研究"(项目号:18BFX082)。
** 江苏省泰兴市人民法院法官助理。

事犯罪,则由法医或医生直接认定死因,开具死亡证明。少数情况下,有关家属对公安机关的认定结论持有异议,可申请公安机关进一步开展死因鉴定,或申请公安机关委托具有资质的法医病理司法鉴定机构进行死因鉴定。但特殊的非正常死亡案件,如涉及执法活动或者羁押场所的特殊死亡事件,常由检察机关负责启动调查、委托死因鉴定等,监狱内的死亡事件有时也由监狱机构启动调查、委托死因鉴定。对此本文将死亡事件分为两种情形:一是与羁押、执法相关的非正常死亡,二是在家庭和医疗机构发生的非正常死亡。笔者从制度和实践两个层面进行分析。

(一)羁押、执法过程中的非正常死亡案件/事件

1. 羁押场所

2009年至2010年,"躲猫猫死""喝水死""抠粉刺死"等案件连续曝光,警方草率的调查结论引发了广泛的社会争议和学界讨论。[1] 2011年,最高人民检察院、公安部、民政部联合印发《看守所在押人员死亡处理规定》,完善了《看守所条例》中对羁押人员死亡调查的规定,亮点如下:

首先,保证了死者近亲属的知情权和参与权。看守所需在死者死亡发生后立即通知死者近亲属、所属公安机关和检察机关,公安机关和检察机关还需将死亡层报公安部与最高人民检察院。死者近亲属有权利同意调查机关委托司法鉴定机构进行法医鉴定或提出另行委托司法鉴定机构。其次,引入检察机关作为第三方调查主体。死因初步认定交由看守所主管机关公安部门,初查认为属于正常死亡事件的,由公安机关继续调查;初查结果为非正常死亡案件的,后续调查由检察机关负责。再次,调查方式规定翔实,并未局限于法医鉴定,还包括询问可能的证人、查看录像、封存书证等。最后,调查程序注重结论的真实性。公安机关将正常死亡调查结果报告同级检察机关,并由之审查,若检察机关对此存在异议应自行启动调查。检察机关将非正常死亡的调查结果通知公安机关,公安机关若对此存有异议,可申请复议

---

[1] 躲猫猫死:2009年2月,李某明在云南晋宁县公安局看守所内死亡,警察称其与狱友玩"躲猫猫"时撞到墙壁受重伤。喝水死:2010年2月,一名河南青年在鲁山县某看守所内死亡,亲属查看尸体后发现,他身上有多处伤痕。警方称他是在审讯时喝开水突然发病死亡的。抠粉刺死:2009年11月,山东省威海市文登区高村镇王某平在羁押期间死在看守所。家人在查看尸体时发现其胸部有小洞,看守所称其系抠粉刺所致。

复核程序。

2015 年,最高人民检察院、民政部、司法部又联合印发了《监狱罪犯死亡处理规定》,完善了我国在羁押场所方面的死亡处理规定。因此,近年来,相关事件/案件发生后检察机关能够及时介入,保证调查结论的公信力。但除此之外,我国并无专门法律规定死因调查程序。当然,2017 年的《实施意见》出台,推动了对公民非正常死亡调查制度的构建。

2. 执法过程

从 2010 年开始,公安机关开始重视羁押之外的其他执法过程中发生的非正常死亡问题。但如前所述,由于立法层面并没有针对执法过程非正常死亡调查进行专门的法律规定,相关案件/事件仍然依赖于刑事侦查程序调查死因,甚至学界也未对此进行过多讨论和研究,2016 年的"雷某案"让该问题浮出水面。起初,警方通报家属死因为心脏病猝死,家属则认为是外力伤害。随后,警方在征得家属同意后,委托第三方司法鉴定机构进行鉴定。最终,死者家属在律师的协助下向检察机关报案,检方在进行职务犯罪的立案侦查过程中委托司法鉴定机构进行鉴定,并经审查,最终认定死因为胃内容物吸入呼吸道致窒息死亡。

总体而言,该案死因调查可分为公安和检察两个阶段,而整个公安调查阶段的法律依据仅是《中华人民共和国刑事诉讼法》(以下简称《刑事诉讼法》)、《公安机关办理刑事案件程序规定》等法律规定中的些许条文。检察机关虽及时介入,但起初履行的仅是法律监督职责,直到案发 20 天后,才立案侦查。因此,"雷某案"暴露的最大问题在于没有明确的调查主体。如果检察机关不启动职务犯罪的调查程序,同时进行死因调查,那么整个死因调查程序将由涉案警方控制,即使警方选择了第三方司法鉴定机构避免自侦自鉴,也无法打消公众对调查结论的质疑。

(二)家庭和医疗机构发生的非正常死亡案件/事件

发生于家庭、医疗机构等生活场所内的死亡死因调查主要附属于刑事诉讼制度,由公安机关接到报案或举报后进行调查,包括受案、初查、决定立案、侦查。对于一些并不明显涉及刑事犯罪的死亡则是通过医生认定完成。

家庭内发生的死亡主要根据《全国疾病监测系统死因监测工作规范(试行)》进

行调查,由社区医生结合家属或者其他知情人提供的死者生前病史,作出正常或者非正常死亡判断。对于正常死亡者,医生推断死因并填写《居民死亡医学证明(推断)书》(以下简称《死亡证》);对于非自然死亡和不能判定为正常死亡者,应移交公安机关处理,通过法医鉴定判定死因。但在实践中,各地并未很好贯彻实施该规范,很多地方的社区医生往往不会到场判断死因,而是由民政部门开具证明,家属再到医院开具《死亡证》,这就很可能导致死因误判。

医疗场所内发生死亡(到院时已死亡、院前急救过程中死亡、院内诊疗过程中死亡、新生儿死亡)若无争议,由诊治医生作出死因诊断。医患双方若对死因有异议,往往需要结合《医疗纠纷和处理条例》进行调查,由卫生主管部门通过医学会或者司法鉴定机构进行医疗纠纷鉴定判定死因。可是实践中,基于职称考核等多方面因素,院方往往通过调解进行处理。

死因调查终于死因登记。根据原国家卫生和计划生育委员会、公安部、民政部《关于进一步规范人口死亡医学证明和信息登记管理工作的通知》,《死亡证》是由负责救治或者正常死亡调查的医疗卫生机构出具的、说明居民死亡及其原因的医学证明。《死亡证》填写完毕通过"人口死亡信息登记管理系统"进行网络上报,但是实践中死因漏报现象不少。在制度完善、经济发达的北京市东城区,2012年漏报率达到6.8%,65岁以上漏报率最高,胎儿漏报率亦维持较高水平。需要指出的是,北京市东城区的漏报信息大多来自居委会的死亡数据,达到53.6%。[1] 而自1982年至2016年的四次人口普查,均存在不同程度的0~4岁婴幼儿死因漏报现象,1990年以后又出现老年人死亡漏报率相对较高的问题,2010年人口普查数据中存在严重的婴幼儿和老年人死亡漏报现象。[2]

---

[1] 参见周艳丽、黄辉等:《2012年北京市东城区居民死亡漏报调查》,载《首都公共卫生》2016年第1期。

[2] 参见张文娟、魏蒙:《中国人口的死亡水平及预期寿命评估——基于第六次人口普查数据的分析》,载《人口学刊》2016年第3期。

二、我国目前死因调查存在的主要问题

(一)制度有待完善

根据《刑事诉讼法》对死因调查的相关规定,我国的死因调查制度与大陆法系国家相同,由侦查机关主导,附属于刑事诉讼。由此可见,我国的死因调查制度并不独立。笔者认为,正是调查制度的不独立才导致了许多问题的产生。

1. 调查方式局限——"鉴定化"的调查方式

死因的判断需要鉴定意见这样的科学证据作为支撑,但部分调查主体只依赖于死因鉴定进行调查,却忽略了对其他调查手段的运用,不可避免地产生"鉴定化"倾向。探析其背后的法律原因,一方面,相关法律规定分布零散乃至阙如,缺少可操作性,仅仅规定了尸体解剖是确定死因的方式之一;另一方面,非正常死亡案件本应包括查明、认定和追责三部分,但是我国法律并未区分查明和认定,调查主体同时承担死因认定这样具有裁判性质的职能,作为实体性判断的死因认定被死因鉴定所取代。[1]

其实,《看守所在押人员死亡处理规定》《监狱罪犯死亡处理规定》已经突破了单一的"鉴定化"的调查方式,细化了调查工作内容,包括封存并查看原始监控录像、勘验检查死亡现场、询问可能的证人等。可惜,这样的规定未能及时被其他类型的死因调查及时借鉴,所以才会有"毒保姆"案件的发生。

2. 调查范围不明确——概括式的死因调查范围

概括式的死因调查范围体现在我国《刑事诉讼法》第131条中的"死因不明"规定,除此之外,《监狱罪犯死亡处理规定》等法规零散规定了需要调查的死因类型。概括式的死因调查范围给了调查人员较大的自由裁量权,易导致非正常死亡案件的遗漏及调查程序的不规范,典型的便是涉及公权力的非正常死亡。"雷某案"中,由于执法过程中的非正常死亡调查制度阙如,死因调查是在检察机关侦查职务犯罪期间完成的;温州的於某一在"双规"期间死亡,由温州市委成立专案组进行调查,省公

---

[1] 参见时延安、王雪莲:《死因查明、认定制度的构建》,载《法学杂志》2017年第6期。

安厅进行尸检[1],死因调查是在级别更高的行政机关介入下完成的。当然,这些案件所体现的制度混乱并非只是因为死因调查范围规定得不全面导致,这也和调查程序的不统一密切相关。

3. 调查参与主体不够中立

(1)利害关系主体被赋予死因调查职能。"雷某案"中,死者家属认为雷某因外力伤害致死,而涉案警方则认为死因为心脏病猝死。我国死因调查主体主要是公安机关,但正如前文所述,调查主体会随着具体的死亡情况的变化而发生变化,典型的便是羁押场所及执法过程中发生的非正常死亡。"喝水死""躲猫猫死"引起舆论哗然的原因之一,便在于死因调查由羁押场所负责。羁押场所只需将死因初步认定为正常死亡,即可掌控死因调查的过程与结论。除监狱均设置有驻监检察部门外,看守所等羁押场所检察机关并未全部派驻检察人员监督,这就给了看守所等羁押场所足够的操作空间来逃避可能的法律责任追究。医疗机构内的死亡亦如此,诊治医生即使存在医疗过失,亦可自己开具《死亡证》来掩饰死因。

(2)利害关系主体被赋予死亡报告义务。羁押场所内发生死亡,羁押场所应立即通知死者家属并报告有关部门,初步调查结果为非正常死亡的亦须通知检察机关调查死因。医疗机构方面,院方需要报告医患双方对死因存有重大异议的死亡,但这给了医院瞒而不报的空间,再借助开具《死亡证》的便利,隐瞒死亡真相。2009年,河南省民权县"手足口病瞒报事件"中,多名儿童被口头确诊为手足口病,医院未将死亡情况上报,诊疗病例和死亡病例中将典型的手足口病记载为脑炎、上呼吸道感染等。

利害关系主体往往和死者生前联系紧密,其成为死亡报告的义务主体,对于调查的重要性不言而喻。但是利害关系主体可以拖延报告的时间甚至隐瞒相关的死因事实,正如"毒保姆案"中那样,保姆向调查人员和家属谎报相关信息,造成非正常死亡案件未被立案侦查。

(3)利害关系主体被赋予死因初步判断职能。死因初步判断指羁押场所、医疗

---

[1] 参见《温州双规死亡官员满身伤痕 遗体强送殡仪馆》,载新浪网,http://news.sina.com.cn/c/2013-04-10/025426778604.shtml。

机构、法医对于死因性质的初步判定,即众多学者所称的死因初查。只有初查结论为非正常死亡,案件才会进入死因调查程序。如"雷某案"中,警方与死者死亡存在利害关系时,只要将死因初步认定为因病死亡等,就能主导死因调查过程,存在摆脱法律责任追究的可能,医院等死因认定主体也存在同样的问题。

死因调查应是抽丝剥茧、循序渐进的过程,真相应当在不断调查中逐渐明朗。死因性质的判定就医学角度而言本就是复杂的技术问题,从法律角度来讲意味着是否启动刑事诉讼追责程序,是严肃的法律问题,而且死因性质的初步判定对于死因最终认定影响巨大,应当是借助勘验尸体和鉴定等手段,在调查后期才能得出的结论。但在当前法律规定下,调查手段规定在刑事诉讼侦查行为当中,也即在死因性质判定之后,形成结论先行于调查的悖论。换言之,应当作为结论之一的死因性质判定,未经过具体调查即已是死因实质认定的第一步,这不符合逻辑。当然究其背后法理,应通过初查来区分死亡类型,让有疑问的死亡进入调查程序,从而提高调查的效率。虽然效率与公正存在一定冲突,但公正的调查亦能促进效率,单纯地强调效率一定程度上折射出人权观念的淡薄。

(二) 实践困境

1. 过低的尸体解剖率。根据原卫生部1979年重新发布施行的《解剖尸体规则》,刑事案件有急死、他杀或自杀嫌疑等的尸体必须进行解剖。但发生在生活场所的死亡,往往并不全由法医调查死因,而是由社区医生负责。这背后存在巨大的刑事风险:医务人员不具备侦查等相关法律知识,不能判断是否涉及刑事案件,一旦得出正常死亡的结论,案件就不会进入后续的侦查程序,也就不能保证通过尸体解剖调查死因。另外,基层法医人手不足,相关规定阙如,导致尸体解剖率过低,死因不能得到充分调查,很多案件被排除在刑事诉讼之外。

2. 死因分类、疾病诊断标准不统一、适用不规范。国际疾病分类(International Classification of Diseases, ICD)是WHO制定的国际统一的疾病分类方法,目前正在使用的是ICD-10。2001年,原国家卫生计生委统计信息中心将ICD-10等效采用,通过国家标准化管理委员会审核批准而成为《疾病分类与代码》(GB/T 14396—2016)。卫生部门出具死亡证时会按照《疾病分类与代码》标准确定死因,但是公安机关法医认定死因时并未完全按照《疾病分类与代码》确定。法医鉴定人基本未接受过该标准的专门培训。生活场所和进入刑事诉讼的非正常死亡采取不同的死因分类、诊断标准,诊断名称也具有一定的随意性,这反映了我国死因鉴定方面的规范性不足。

深入探析我国非正常死亡死因调查制度存在的问题,可以发现,其背后体现了效率优先、行政主导的价值选择。我国现行非正常死亡死因调查制度附属于刑事诉讼,由侦查机关主导,特殊类型的非正常死亡则由不同主体进行调查。从立法的目的来看,这样规定是为了由刑事诉讼法统筹整个死因调查制度,但由于配套立法的缺失,加之侦查机关调查案件往往重视效率和实体真实等,存在调查范围狭窄、程序不完善等问题,容易引发社会矛盾。

3. 死因认定主体的混乱。如前所述,死因调查过多依赖于法医病理鉴定,鉴定意见又往往承担着死因认定的职能,由此实践中产生新的问题:一旦鉴定无法给出明确的意见,谁来认定死因?回顾"黄某案",其中涉及多次鉴定,鉴定意见不一,死因无法认定,案件因此停滞不前,最终受损的是司法公信力,甚至是死者的基本权益。虽然多数学者认为进入刑事诉讼以后,最后由法庭结合各方面材料认定死因。但"雷某案"中,检察机关作出不起诉决定后,具备裁判性质的死因认定却由该案的侦查机关作出。死因调查的最终目的是出具死因调查结论,而死因结论的认定具备一定的裁判色彩,由侦查机关作出认定违背了居中裁判的要求。并且,明确认定主体能在一定程度上起到对死因调查的监督作用,保证调查过程的真实性、合法性。

三、完善我国死因调查和鉴定制度的建议

(一)明晰死因调查制度的目标定位

我国当前的死因调查制度基于刑事诉讼的侦查程序,侦查程序强调对于效率的追求,因此这在一定意义上左右了我国死因调查制度的价值取向。死因调查的首要目的是查明死因,而死因是死者于这个世界的最后权益,对于死因的查明也是对于死者权益的保护,因此首要追求的应当是结论的真实可靠,基于此,死者权益才能得到保障。

故而刑事诉讼和死因调查在价值取向上存在一定的冲突,笔者建议构建独立于刑事诉讼程序的死因裁判制度。死因司法鉴定作为调查的重要一环,应当吸纳死因裁判程序的独立价值取向,注重对于实体真实的追求。

(二)制度层面

1. 死因调查启动机制的构建——报告主体及调查范围

结合之前的分析,我国死因调查启动机制亟须建立,有必要明确死因报告主体和死因调查范围。

死因报告主体方面,应该尽快规定负责死者羁押工作的警察、监狱管理人员,执法人员,主治医生,开具死亡证的医生,负责死因登记的医生都有报告死亡的义务。不履行或者迟延履行报告义务的,应当给予行政处罚,严重者追究刑事责任。

死因调查范围方面,必须以超越现有的刑事命案范畴为原则,防止类似"毒保姆案"的发生。建议构建死因调查启动机制,譬如羁押、执法方面,规定在拘留、监禁或者其他官方监管时发生的死亡,以及在具有逮捕或者拘留等法定执法权力的人执行公务时发生的死亡必须进行死因调查。胎儿和老人是死因漏报的两个主要类型,据此可规定:对于老人,未在生前诊断为已患末期疾病的,以及在死亡前14日内未接受正规医疗机构医治的,需进行死因报告;对于胎儿,非活产胎儿于娩出时死亡的,需要进行死因报告,以避免刑事案件的遗漏。

2. 明确法医病理鉴定法定范围

死因调查的最好的证据就是法医病理检验鉴定,鉴定意见能够为案件涉及的法律、公共卫生和公共安全方面的问题提供必要信息。另外,由于立法层面规定的死因调查范围周期长,可以先制定法医病理鉴定范围的技术标准,或者细化《解剖尸体规则》中的解剖类型,与上述死因调查范围的完善形成双保险的作用,最终为《刑事诉讼法》第131条的"死因不明"规定的进一步完善提供鉴定层面依据和引导,以此统领下位法的制定。

具体而言,以下案件都必须进行法医学尸体解剖,[1]这样才能解决长期以来我

---

[1] 参见黄平、邹东华主编:《法医病理学研究前沿》,科学出版社2015年版,第244页。

国尸体解剖率低、尸体解剖实施时间太晚等问题。

(1) 明确或可疑的刑事暴力死亡；

(2) 婴幼儿或儿童猝死；

(3) 与警察执法行为有关的死亡；

(4) 明确的非自然死亡和在羁押人员的死亡；

(5) 急性的工伤死亡；

(6) 明确的电击死；

(7) 明确的酒精、药物或毒物引起的中毒死；

(8) 无法证明或可疑的溺死；

(9) 需进行个人识别的无名尸体；

(10) 白骨化尸体；

(11) 烧毁的尸体；

(12) 法医认为需要进行尸体解剖以明确死亡原因和死亡方式，对损伤和死亡进行归档、收集证据；

(13) 机动车交通事故中的死亡，需要进行解剖证明损伤、明确死亡原因。

世界上不少国家均是通过国家立法来明确法医尸体检验鉴定的范围，而不是取决于有关当事人、家属等主体的自主决定。相关经费也是由国家和地方政府财政专项资金予以保障，无须当事人家属支付任何费用。

3.《实施意见》下调查主体的统一

《实施意见》在已有制度下强化了检察机关的调查主体定位。虽然当前条件下难以做到涉案警方的全体回避，但在家属存有异议的情况下，由检察机关负责调查，是更公正的选择。

具体而言，负责人身伤害犯罪的检察官可作为主要的调查主体，勘验现场、收集证据、传唤证人、委托司法鉴定机构进行死因鉴定，最后出具死因调查结论供法庭使用。另外，很多医疗事故导致的死亡，院方往往和患方私下和解、瞒而不报，通过高额赔偿息事宁人。加之地方医疗资源的集中，即使由卫生主管部门调查死因、组织鉴定，也很难得到患方的认可。因此可以引入检察机关负责调查医疗事故导致的非正常死亡,在现有制度框架下,由检察官主持死因调查,委托医学会进行死因鉴定。

调查主体的统一意味着专门的调查主体直接进行正式的死因调查,无须再对死亡进行正常或非正常的初步判断,为取消死因初查提供了条件,避免刑事案件被遗漏的风险。

4. 建立听证制度

可以在我国死因调查过程中采用听证制度,由检察官主持听证,传唤证人、利害关系人、可能受质疑的人以及死者家属参与听证。规定诸如暴力犯罪死亡、羁押下的死亡必须开展死因听证,同时赋予检察官进行死因听证的裁量权。这样的听证既可以保证程序的公开透明,也可以让家属充分参与到调查程序当中来,增加结论的可接受性。

(三)实践层面

针对目前实践中存在的问题,笔者认为,应当从提升调查水平、规范调查标准等方面进行改善。首先,我国的死因调查主体往往法律知识薄弱,不能很好地在法律框架内认定死因,因此需要加强法律培训。另外,现行制度下由医生负责一部分死因调查认定,但是死因认定基于法医专业知识,这和临床知识之间存在一定的差异,所以现行法律规定之下可以完全由法医出具死亡证,进行死因登记,并且严格按照尸体解剖的相关规定,提高尸体解剖率。当然,为保证结论的科学性,实践中可以规定由具有中级以上专业技术职称或相应技术能力的法医进行。

其次,实践中应对所有与死亡诊断、鉴定、调查、认定有关人员加强《疾病分类与代码》标准的专门化培训,即统一公安、检察、司法、卫生、劳动等多系统死因调查标准。这对于提升死亡鉴定、调查工作的规范化,提高死因诊断的一致性,具有不可替代的重要意义,能在紧迫的时间内提高死因调查制度的规范程度。同时要逐步建立法医病理司法鉴定机构的标准化管理体系,强化对执业鉴定人的学历、培训经历、执业技能的管理,丰富仪器设备,优化执业环境,完善配套的毒物化学、影像学、人类学、生物化学、微生物学、病毒学等实验室检查条件或资源,原则上应依托医学院校开展相关辅助检查、化验项目。

最后,当前还需要强化对死因调查过程和结论的监督。生活场所方面,首先应当取消基层民政部门参与开具死亡证明,完全由卫生和公安部门负责有关生活场所的死因调查,同时,强化死因登记的复核功能,审查死因存疑的个案。同时,在现有调查基础上,一旦出现法医鉴定无法判定死因,调查机关必须及时进行死因认定,出具调查结论,避免死因认定在程序上的虚置。

2009年至2010年频繁曝出羁押场所非正常死亡案件,2011年《看守所在押人员死亡处理规定》及时出台,相关案件的处理开始步入正轨。之后,"毒保姆案""雷某案"的接连发生,又催生了2017年《实施意见》的及时出台。各地也在推动当地死因调查的相关规定不断出台。理论界、实务界从未停止对死因调查制度的研究和构建,当然,我们也应当清醒意识到现有制度的不足,及时完善,进而推动我国死因调查制度的建设。

上海司法鉴定体制改革的实践探索与系统思考

马丽莉*

司法鉴定制度是我国司法制度的重要组成部分，对保障诉讼活动顺利进行、促进司法公正、维护社会公平正义等具有重要意义。司法鉴定体制改革是司法改革和诉讼制度变革的重要内容之一，也是促进司法鉴定事业健康、有序、合法发展的必由之路。

20多年来，上海司法鉴定工作经历了四个主要阶段的发展，为积极推动司法鉴定改革、力争健全统一的司法鉴定管理体制而不懈努力。从宏观来看，目前我国缺少统一的司法鉴定法律法规，相关制度构建有待完善，司法实践中问题颇多，诸如司法鉴定准入门槛低、鉴定程序不完善、执业活动不规范、管理机制不健全等问题日益突出，不仅影响了司法鉴定活动的正常开展，也在不同层面上造成了不良的社会影响。

随着上海市司法鉴定体制改革的不断深化及完善，《上海市司法鉴定管理条例》（以下简称《条例》）于2020年5月1日起正式实施。《条例》的出台，不仅是贯彻落实中央关于健全统一司法鉴定管理体制改革的要求，也是发挥司法鉴定服务保障功能、积极回应群众关切的需要。从长期发展来看，《条例》对上海市司法鉴定行政管理部门、上海市司法鉴定专家委员会和上海市司法鉴定协会依法发挥工作职能起到很大的指导作用。

---

* 上海市司法鉴定中心主检法医师。

一、司法鉴定管理体制的变革

纵观上海市司法鉴定管理的历史和现状,根据其特点及发展状况大致可以分为四个阶段:第一阶段是1998年国务院"三定方案"出台之前;第二阶段是1998年至2005年全国人大常委会《关于司法鉴定管理问题的决定》(以下简称《决定》)出台之前;第三阶段是2005年全国人大常委会《决定》出台之后至《条例》出台之前;第四阶段是《条例》出台之后。

(一) 第一阶段

20世纪80年代,司法鉴定管理体制是典型的部门设立、分散管理模式。当时,上海市司法鉴定机构数量极少,且主要从事法医类司法鉴定,相关的审批、管理、鉴定、使用权大多集中在公、检、法、司等。鉴于各单位之间没有隶属关系,鉴定业务受各自上级部门垂直领导,缺乏统一的司法鉴定管理体制,各单位之间难以有效协调和沟通,重复鉴定、多头鉴定等现象较为普遍。

针对上海市司法鉴定活动中存在的上述问题和精神病司法鉴定工作的实际需求,1981年上海市成立了"上海市精神病司法医学鉴定领导小组"。1989年10月,上海市政府办公厅发布《关于成立上海市精神疾病司法鉴定委员会的通知》,批准成立上海市精神疾病司法鉴定委员会,主要负责精神疾病司法鉴定工作的鉴定人审查、批准,技术鉴定的组织、协调,开展鉴定工作等内容。这既是司法鉴定行业的一次巨大变革与创新,也为日后成立司法鉴定工作委员会、司法鉴定专家委员会奠定了基础。

(二) 第二阶段

1998年6月,国务院办公厅印发《司法部职能配置、内设机构和人员编制规定》,司法部被明确赋予指导和管理面向社会服务的司法鉴定工作的新职能,这也是司法鉴定工作逐步面向社会开放的一个转折点。

1998年6月18日,上海市人民政府为加强对本市司法鉴定工作的监督、管理和协调,根据《刑事诉讼法》(1996年3月17日修正)第120条的规定,决定成立上海市司法鉴定工作委员会,作为指导及协调全市司法鉴定工作的管理机构。司法鉴定工作委员会的成员单位由上海市公安局、市检察院、市高级法院、司法局、卫生局、财政局、原政府法制办、政法委共8家单位组成,司法鉴定工作委员会办公室设在市司法局。其主要职责是:加强对司法鉴定工作的管理和监督;根据司法鉴定的实际需要,组建若干司法鉴定专家委员会开展复核鉴定(重新鉴定)活动;协调司法鉴定重大事项和疑难案件的鉴定等。

1999年起,上海市司法鉴定工作委员会多次召开会议,依次讨论决定成立市人身伤害、精神疾病、文检、司法会计等各司法鉴定专家委员会。

随着上海市司法局机关处室的重设及改革,上海市机构编制委员会下发有关通知,决定于2000年7月正式建立上海市司法鉴定中心(以下简称司鉴中心),承担各司法鉴定专家委员会(以下简称专家委)的鉴定组织等工作。同年8月,上海市政府办公厅明确上海市司法局主要职责之一是承担市司法鉴定工作委员会的日常工作,并内设"司法鉴定管理处"。

此后,上海市司法鉴定工作的管理职能也进行了重新划分,司法鉴定管理处负责制定司法鉴定工作管理制度和规范性文件、管理面向社会服务的司法鉴定机构和鉴定人的行政审批与管理,并承担上海市司法鉴定工作委员会办公室的职能。司鉴中心则负责各专家委的组织及日常管理工作,主要职责是:制定和修改鉴定技术标准和操作规范,规范全市司法鉴定工作;提供权威的司法鉴定技术指导,提高行业鉴定质量;组织重大、疑难案件的重新鉴定,维护司法公正和社会稳定。

这一时期,司法鉴定秩序逐渐规范,业务量稳步增长,管理机构职责清晰,分工明确。司法鉴定工作委员会办公室(司法鉴定管理处)负责司法鉴定机构和人员的资质管理,协调各单位之间的关系;司法鉴定专家委(司鉴中心)负责全市的司法鉴定技术指导。两者的协同管理模式,形成了一套行之有效的工作制度,使当时的上海司法鉴定管理水平走在了全国前列,得到了司法机关和社会的广泛肯定,并被司法部称为"上海模式"。

(三)第三阶段

2005年,全国人大常委会制定出台《决定》,对司法鉴定业务的登记管理、主管部门、从业机构和人员条件等作了原则性、框架性的规定,标志着我国统一司法鉴定管理体制的法律制度初步建立。

《决定》出台后,上海市的司法鉴定机构逐渐社会化、民营化,三大类及三大类以外专业的司法鉴定机构激增,鉴定业务量也迅速增长。此阶段,司法鉴定管理主要以行政审批及管理为主,司法鉴定专家委在技术指导上的工作职能逐渐弱化。由于社会司法鉴定机构的增多,机构质量参差不齐、鉴定秩序难以规范、配套管理制度跟不上等问题逐渐凸显。

2010年6月,由上海市司法鉴定机构和司法鉴定人组成的上海市司法鉴定协会(以下简称协会)正式成立,受上海市司法局和社团局的指导和监督。协会的成立,在一定程度上弥补了行政管理部门对上海市司法鉴定机构、鉴定人在业务指导、技术监管上的不足。

这一阶段,上海市司法鉴定管理体制发生了极大的变化,由原先行政管理的模式逐渐转变成行政管理、行业自律管理相结合的管理体制。但由于法律依据不充分、配套管理及协作制度尚不完善,两结合管理的模式仍处于初期探索的阶段。

(四)第四阶段

《决定》是我国迄今为止公布的法律地位最高的司法鉴定规范性文件,但其未对司法实践中各环节的具体操作作出规定,难以充分满足实际开展司法鉴定工作的需要。

2018年6月,上海市委深改组第五次会议审议通过《关于贯彻落实〈中办国办关于健全统一司法鉴定管理体制的实施意见〉的工作措施及分工方案》,强调要积极推动本市司法鉴定地方立法工作。上海市司法局正式启动本市司法鉴定立法调研工作。

根据各项国家政策要求及上海市前三阶段司法鉴定管理工作的经验积累,经过深入的立法调研和学习考察、广泛征求意见、反复审议修改,2019年12月19日,《上海市司法鉴定管理条例》经上海市第十五届人大常委会第十六次会议表决通过,并于2020年5月1日起正式施行。《条例》对上海市司法鉴定准入、实施程序等内容作了重点规范,并从制度模式、管理适用等方面作了改革及创新。《条例》的实施极大地规范全市司法鉴定执业活动,意味着上海市司法鉴定管理体制改革跨入新时代。

二、体制变革中存在的问题

综观上海市20多年的司法鉴定管理工作,不同时期展现出不同的问题,均能客观反映出当时司法鉴定的实际情况。

早期,上海市司法鉴定主要以公安机关、法院、检察机关内设的司法鉴定机构处理的法医类鉴定为主,此时大专院校的司法鉴定机构只是补充,机构数量及业务量都非常少。各司法鉴定机构之间没有隶属关系,谁也不服谁,重复鉴定现象多见且鉴定结论各不相同,不利于案件的正确判决。

《决定》实施以后,司法鉴定管理工作虽然取得了一定的成绩,但随之而来产生许多新问题,时至今日仍有不少问题有待解决。

(一)管理制度有待进一步完善

1. 准入制度方面

在《条例》出台之前,上海市司法鉴定准入条件没有具体的标准,仅靠司法行政部门的力量,很难在准入时对鉴定人和司法鉴定机构的资质进行专业化的审核,导致司法鉴定机构良莠不齐,鉴定秩序难以规范。随着《条例》的实施,这一问题可以得到妥善解决。

2. 行业发展方面

其一,司法行政管理部门与公检法等单位对司法鉴定机构的资质要求存在差异,一方面,造成了鉴定资源的大量闲置和浪费;另一方面,也造成了一定程度的垄断和不均衡发展。

其二,一些司法鉴定机构的专职鉴定人数量较少,司法鉴定机构专业力量不强、规模不大、竞争力不强,限制了其自身的发展壮大,导致其鉴定能力与司法机关日益增长的诉讼需求不相适应。

其三,司法鉴定人才梯队建设尚未成型,后备人才培养存在一定的困难。鉴定人助理制度缺乏相关政策和法规的支持与保护,专业技能的培训及考核制度并不完善,导致鉴定人助理在平时的学习与工作中遇到较多阻力。

3. 执业秩序方面

其一，多数的司法鉴定工作在诉前完成，现有的制度设计上并没有相应的措施来保障另一方当事人的知情权与参与权，另一方当事人经常对此提出异议，要求进行重新鉴定。

其二，鉴定实施过程中，对标准的适用并没有强制性的要求。各部门、各单位可能会根据各自的需求执行不同的标准，导致同一案件同一问题所得出的鉴定意见有相当大的差别，增加了信访投诉、重新鉴定的风险。

4. 鉴定监管方面

其一，司法鉴定管理部门通常只能对鉴定的程序进行查处和监督，难以从专业技术的角度进行判断和分析，质量技术监管缺位。部分案件需要等司法机关作出最终认定，或者鉴定人受相应处罚后，才能采取行政手段，形成了管理倒置。

其二，部分鉴定人员责任意识薄弱，司法鉴定机构质量意识欠缺，内部质量控制体系建设并不完善，由此引发的鉴定争议越来越多。

（二）专家委工作职能未得到充分发挥

上海市是最早出现司法鉴定专家委制度的地区。2001年12月28日通过的《上海市精神卫生条例》（2002年4月7日实施）第28条的规定，是上海市地方性法规对司法鉴定专家委的首次确定。

早期，上海司鉴中心主要负责组织专家委的专家参与本市司法鉴定案件的初次鉴定及复核鉴定等工作。由于专家委人员组成的权威性及专业性，一度被行业内部视为解决疑难或争议鉴定的最高或最具权威性的"终局"司法鉴定机构，对上海市司法鉴定业务起到了技术管理和技术指导的作用。当时，在上海市司法局、上海市司法鉴定工作委员会、上海市司法鉴定专家委的统一管理下，形成了一套行之有效的工作模式。

随着司法鉴定行政管理体制改革加速，《决定》明确指出各司法鉴定机构之间没有隶属关系，专家委"终局性"鉴定的性质开始弱化，司鉴中心及专家委的行政职能逐渐减弱。自2015年起，上海司鉴中心不再作为司法鉴定机构对外公告，专家委仅对特别疑难、复杂的案件提供专家咨询，并将原先出具的鉴定意见书改为咨询意见书。目前，专家委的工作职能主要包括：完成上海市以及具有社会影响力的重大、疑难、复杂案件的技术咨询工作；协助行政管理部门及行业协会对投诉案件等进行技术审查；开展上海市司法鉴定机构的质量检查、业务指导及培训工作；制定司法鉴定技术标准和操作规范；协助行政管理部门做好其他相关工作等。

由于缺乏关键的法律制度保障，专家委对司法鉴定的促进作用更多地体现在个案层面，专家的评审结果及专业意见转化率不高、效果不明显，难以对司法鉴定整体质量的把控起到技术指导及管理作用。

《条例》出台后，如何理顺各部门的管理关系、明确专家委的职能定位、加强对本市的质量监管，值得进一步思考和探讨。

(三) 行业协会自律管理有待加强

社会司法鉴定机构日益增多，司法鉴定机构的性质发生转变、案件量也急剧上升，司法鉴定行业仅依靠相关行政部门指导和管理，已难以满足行业的实际情况和发展需求。随着协会的成立，上海市初步建立起行政、行业相结合的管理模式。但在行业实际的自律管理中，仍出现了各方面的问题。

其一，司法鉴定机构性质不同、人员复杂、专业涉及面广，使得行业各机构服务及质量水平不尽相同。

其二，司法鉴定机构人员的工作重心主要集中在案件处理上，积极主动参加协会工作及活动的意识比较薄弱，一定程度上影响了自身专业技能、执业素养的提升。

其三，协会缺乏足够的资金及人员配置，难以协调工作人员完成各专业委、工作委的大量工作及活动，在一定程度上影响了行业活动组织和开展的特色性、创新性，影响了协会工作的整体布局与落实。

其四，协会初步建立了行业监管、诚信、奖惩、退出等机制，但与行政管理部门、公检法等办案单位的处理协调、信息共享制度尚未达成统一意见，运作模式有待进一步完善。

三、建议与展望

《条例》对上海市司法鉴定工作的开展作了框架性的规定，从根本上保障了司法鉴定活动的有序性、合法性，同时也对司法鉴定管理部门及行业协会提出了更高的要求。如何进一步整合多方位的管理合力,找准司法鉴定领域的难点、痛点和盲点,建立一套全流程、全要素的司法鉴定管理体系,必须由每一个参与司法鉴定管理工作的人员去认真思考和努力。

(一) 持续完善制度保障,强化司法鉴定监管职能

行政管理部门应加强对司法鉴定机构的日常监管,发挥属地优势,及时发现问题,提高监管效能。依托专家委的专业优势,将鉴定准入、质量监管、投诉处理等工作与专家委咨询制度相结合,建立完善的质量监管体系。

固化并完善司法鉴定管理与使用衔接的工作机制,做好组织协调工作,加强与市法院、检察院、公安局、质监局、卫生健康委、保监会等各部门的信息互通及协作,加大对执业禁止行为的监管及惩戒力度,坚决打击鉴定违法违规行为。

继续健全司法鉴定相关配套制度体系,加快出台司法鉴定人执业保障、司法鉴定机构分类管理、司法鉴定评审及考核规范等制度;优化司法鉴定行政审批办事指南及流程,细化行政处罚裁量基准和执法指南等,为执法实践提供规范指导,为上海市司法鉴定行业健康发展提供法治保障。

同时,也要加大《条例》的学习宣传力度,确保管理部门、办案单位,上海市司法鉴定机构和鉴定人等都能熟悉掌握《条例》,正确实施《条例》,将普法工作融入日常管理及执法工作全过程。

(二) 充分发挥专家委工作职能,建立严格的质量监管体系

自1999年至今,上海市已先后组建了8个司法鉴定专家委,包括人身伤害、精神疾病、文检、司法会计、法医毒物、法医物证、电子数据、建设工程质量司法鉴定专家委。因专家委具有较高的专业性、权威性、公正性,已获得业内的广泛认可,并形成一定的社会影响力和公众知晓度。《条例》的出台,对专家委咨询制度作了明确的定义和要求,为专家委进一步发挥工作职能提供了法律支撑及保障。

从专家委的设立、发展及多年的运作来看,专家委性质不同于行政管理部门和行业协会,其更像一个为行政及行业管理、办案单位提供专业的技术支撑的中立的平台。根据《条例》的规定,上海市司法鉴定的管理工作应进一步依托专家委的专业优势,充分发挥司鉴中心作为技术指导平台的职能作用,加强对上海市司法鉴定行

业的技术指导工作。

专家委可以通过执业准入时的专家评审、能力测试等方式进行事前监管;执业过程中的实验室认可、能力验证、质量检查等措施进行事中监管;案件结束后对争议案件开展专家评审咨询等手段进行事后监管,以此达到对全市的司法鉴定业务从专业的角度进行全方位质量监督的目的。

目前,《条例》已正式实施,通过进一步发挥专家委的职能,将专家委与司法鉴定行政管理部门、行业协会的职能互补,建立一个集专业技术管理、行政事务管理、行业自律管理于一体的严格监管体系。这既是维护司法鉴定专业性、权威性的基础,也是进一步促进"上海模式"司法鉴定管理体制的创新及转型。

(三)加强行业协会自律管理,完善司法鉴定行业建设

协会成立以来,在全市司法鉴定机构和鉴定人的共同努力下,上海市司法鉴定行业在机构数量和业务量上均得以健康、蓬勃地发展,鉴定人的整体执业素质和专业技能不断得到提升。多年来,协会先后设立了秘书处、3个工作委员会和13个专业委员会,完成了大量行业建设及会员服务工作。

《条例》明确指出,司法鉴定管理实行行政管理和行业自律管理相结合;鼓励司法鉴定机构、鉴定人加入行业协会。这也进一步明确了行业协会在司法鉴定管理中的重要性和必要性。

根据上海市行业建设和司法鉴定工作的实际情况,不断完善和加强行业协会的自律管理能力,协会可以从以下几方面进行突破:

第一,加强行业党建建设。结合司法鉴定发展需要,探索新时代行业党建模式,研究制定行业党建发展规划,完善行业党建矩阵建设,推动行业党建向纵深推进,增强司法鉴定从业人员责任感、使命感,推动司法鉴定行业健康有序发展。

第二,完善管理制度建设。进一步完善各项规章制度,优化行业监管、诚信、奖惩、退出等机制,建立健全"四类外"机构管理、鉴定辅助人员管理、司法鉴定机构分类管理等制度。加大与各司法鉴定管理部门及其他相关部门的对接及信息互通,建立动态化行业监管。

第三,强化人才队伍梯队建设。对于尚未取得鉴定人资质的辅助人员,应分阶

段、分专业开展专门的学习课程,加强对其业务指导及培训,将学用结合的理念落实到司法实践中,为辅助人员上升为司法鉴定人打牢知识基础,为增强司法鉴定队伍的专业力量助力。协会应进一步协助高等院校、科研院所培育高层次、多学科、复合型的专业人才,为上海市司法鉴定行业输送行业领军人才。

第四,巩固与优化培训和交流。探索司法鉴定线上、线下相结合的培训交流模式,力争做到多样化、精品化培训,不断提升司法鉴定执业人员的专业素养及办案能力。同时加强与高等院校、科研机构的合作交流,在平稳开展国内行业交流的基础上,逐步迈向各类国际交流的平台。

第五,规范行业执业行为。强化行业标准的制定、实施与监督,增强标准贯彻力度,进一步规范鉴定人的执业行为。持续推进行业信用平台建设,规范和促进行业信用评价工作,结合司法鉴定分类管理和智慧司鉴,规范行业执业行为。

第六,增强行业公益属性。鼓励上海市司法鉴定机构、鉴定人员参加公共法律服务,建成覆盖全业务、全时空的便民服务体系,为百姓提供优质、高效的法律服务,增强司法鉴定人员的社会责任感及便民服务意识。

四、结语

上海市司法鉴定管理体制历经20余年的变革及发展,其中有劣势和弊端,也有辉煌和成就,这些都给新一代司法鉴定管理工作人员提供了思考的方向。

《条例》的出台,落实了中央、上海市委关于全面依法治国、全面依法治市,健全统一司法鉴定管理体制改革等重要精神的要求,凝结了上海市20余年来司法鉴定管理的经验总结,坚持问题导向,将司法鉴定行政管理、专家委技术管理、行业协会自律管理有机结合,进一步完成了上海市司法鉴定体制的改革,也回应了办案机关、社会公众的关切和需求。

所有的这些变革,都体现了上海在推动司法鉴定行业健康发展、维护人民群众合法权益、促进司法公正等方面的责任与担当,为加快上海市司法鉴定行业科学发展提供了强有力的法治保障,为进一步打造高级别、高资质、高水平的上海司法鉴定服务品牌付出了巨大的努力。

儿童最大利益原则在司法鉴定中的实践

王 强*

儿童是祖国的未来,民族的希望。在世界大多数国家,对儿童利益均有专门的法律进行保护,我国也不例外。在涉及儿童权益保护的法律法规实施中以及其他司法活动中,时常需要借助司法鉴定专业技术手段对儿童权益进行保障。本文通过对我国现有司法鉴定实践中能体现儿童最大利益原则的有关制度、鉴定项目、鉴定标准、操作规范等进行梳理,分析其存在的不足,对今后在司法鉴定领域如何加强儿童利益保护进行展望,并提出一些建议。

一、儿童最大利益原则在我国的确立

(一)儿童最大利益原则的起源

儿童最大利益原则最早可追溯至英美法系[1],1959年儿童最大利益原则在国际上被确定为儿童保护指导原则。《儿童权利宣言》原则二规定,在对儿童的保护中,应当给予特别保护,以法律或其他方面为基础取得各种机会,从而使其生命健康、法律自由、人格尊严得以保障,并且在生活各方面全面发展。同时,以此为目的而制定的法律,其首要考虑因素应是儿童最大利益。但是,此时的宣言还不具备法律上的拘束力。在这之后,1966年《经济、社会和文化权利国际公约》、1976年《公民权利和政治权利国际公约》、1979年《消除对妇女一切形式歧视公约》、1986年《关于儿童保护和儿童福利、特别是国内和国际寄养和收养办法的社会和法律原则宣

---

* 华东政法大学刑事法学院司法鉴定专业(法医)硕士研究生。

[1] 参见王蓓蓓:《国际儿童保护中的儿童最大利益原则研究》,安徽大学2012年硕士学位论文。

言》、1987年《非洲儿童权利和福利宪章》将儿童最大利益原则作为其内涵精神,对儿童所享有的具体权利作了更加丰富和详尽的规定。最终,该原则于1989年在被誉为"儿童权利保护的大宪章"的《儿童权利公约》中得以初步确立。

(二)儿童最大利益原则的内涵

儿童最大利益原则在国际公约中的体现,为该原则具体内涵的阐释奠定了基础,但迄今仍无统一理解。其原因有二:一是,原则本身的灵活性、纲领性与模糊性是难以理解该原则的首因;二是,缺少权威机构对其作出权威解释,从而导致该原则在适用中难以适应各领域需要。

相关国际公约要求公约的成员国在其国内的立法、司法和行政中将儿童最大利益原则有所体现,且应当将该原则精神实质和宗旨融入其中,同时也应当考虑本国的国情、法律文化体系的影响,保障儿童最大利益原则在本国的立法精神中落到实处。

(三)我国的儿童最大利益原则

1990年8月29日我国签署《儿童权利公约》,成为该公约的缔约国之一,1992年4月2日该公约对我国生效。《儿童权利公约》在我国生效后,我国开始逐步重视儿童最大利益原则,把该原则与我国文化背景相结合,在各类程序法和实体法中将儿童权利予以强调,全方位保护儿童权益,初步构建了我国的儿童最大利益原则。

除上述国际公约外,我国还制定了专门性法律法规。如制定出台专门保护未成年人权利、营造促进未成年人健康成长环境的《中华人民共和国未成年人保护法》(以下简称《未成年人保护法》),其中确立的"儿童优先"保护原则,其实质便是儿童最大利益原则的中国化。儿童最大利益原则在我国的确定,充分保护了我国儿童的各项权利,这既是对《儿童权利公约》的呼应,也是我国保护儿童权利的新起点。

二、儿童最大利益原则在我国司法鉴定实务中的落实情况

法律的各项原则、规定只有得到贯彻落实,才得以显示其生命力和预期价值。在这个过程中离不开对案件、事件事实真相的查明,此时就需要借助现代科学技术

手段,司法鉴定成为不二的选择。不少司法鉴定标准本身也是依据法律的有关原则、规定、精神来制定的,因此司法鉴定标准及其实施与法律存在密切的内在联系。儿童最大利益原则作为我国重要的立法价值取向和法律原则,必然对司法鉴定行业产生重要的影响。因此,亟须司法鉴定行业从制度、标准、技术、实务等领域予以呼应和保障。

司法鉴定是法律与科学相统一的科学实证活动,具有法律性、中立性、客观性等特性。按照现行规定,纳入国家统一登记管理的司法鉴定领域主要是法医类、物证类、声像资料类和环境损害类鉴定,每个领域下又有不少细分专业,不同专业下再划分为若干项目。通过梳理司法部有关司法鉴定执业分类的规定及司法鉴定实务发现,与儿童最大利益原则联系较为紧密的专业有法医临床鉴定、法医精神病鉴定、法医物证鉴定、法医病理鉴定。下面分别对该原则在司法鉴定中的实践现状进行初步提炼。

(一)儿童最大利益原则在法医临床鉴定实践中的体现

儿童正值生长发育时期,生理、心理、神经系统发育都不成熟,自我意识不全或缺乏,对自己行为的控制能力差,易成为意外损伤的对象,且意外灾害、伤害和恐怖行为对其影响都很大。严重的躯体创伤(永久瘢痕和残疾)对儿童心理发育和健康的性格形成均有一定影响[1],容易造成其今后对社会"接触不良",在法医临床鉴定中必须充分认识到这个问题[2]。因此,在做法医临床损伤鉴定、伤残程度评定和赔偿医学研究时,需要考虑身体创伤对未成年人精神心理的影响。在一些法医临床司法鉴定标准中也有专门性条款进行规定。如《人体损伤致残程度分级》(2017年1月1日实施)中有:

5.3.5 盆部及会阴部损伤

1)未成年人双侧卵巢缺失或者萎缩,完全丧失功能;

2)未成年人双侧睾丸缺失或者萎缩,完全丧失功能。

---

[1] 参见郭红斌、常林等:《未成年人意外损伤赔偿法医学伤残鉴定分析51例》,中国法医学会2000年全国第六次法医学术交流会论文。

[2] 参见刘鑫、张凤芹等:《儿童及青少年组损伤特点分析》,载《法律与医学杂志》1995年第3期。

5.5.3 颈部及胸部损伤

1)未成年人甲状腺损伤致功能减退,药物依赖;

5.6.5 盆部及会阴部损伤

2)未成年人双侧卵巢萎缩,部分丧失功能;

3)未成年人双侧睾丸萎缩,部分丧失功能;

5.7.3 颈部及胸部损伤

6)未成年或者育龄女性双侧乳头完全缺失;

5.7.4 腹部损伤

4)未成年人脾切除术后;

5.7.5 盆部及会阴部损伤

6)未成年人一侧睾丸缺失或者严重萎缩;

上述人体损伤按程度分别构成伤残三级、五级、六级、七级。该分级充分表明我国法医临床鉴定标准制定者对未成年人特殊的生理、心理特点的考虑,体现了儿童最大利益原则。此外,该分级的附则中关于未成年人的年龄及面部瘢痕的测量规定也充分体现了对儿童利益保护的原则。

(二)儿童最大利益原则在法医精神病鉴定实践中的体现

1. 儿童精神伤残鉴定

目前,大部分司法鉴定机构未将幼龄儿童纳入精神伤残程度鉴定对象范围之列。因为儿童精神状态水平尚处于发育的动态变化中,尤其是学龄前儿童,无法获得相对客观的资料以反映其受伤前心理发育状况,而仅根据家属的反映无法客观地判断其智力水平及发育状况;入学儿童尚可根据其在校表现、成绩等相对客观的资料来分析其智能及学校表现是否减退等。虽然儿童的恢复可塑性较好,但不排除部分严重器质性损害且已造成较大影响的儿童因各种原因无法鉴定。因此,儿童精神伤残的赔偿补偿机制还有待进一步探索。

2. 儿童精神状态鉴定及因果关系评定

目前,在法医精神病鉴定的实践中,存在被鉴定人虽无明显器质性损伤,但其日常生活能力、学习及工作均受影响的案例。损伤是精神创伤的一种,在精神障碍的发生过程中，其常起到主要或者部分作用，损伤与精神障碍存在直接因果关系或部分因果关系，如应激相关障碍；或损伤对精神障碍的发生仅起诱发、促进等作用，甚至不起明显作用，如精神分裂症、偏执性精神病、心境障碍、神经症性障碍、分离（转换）性障碍等。此类案件在法医精神病鉴定实践中，目前不宜评定其伤残程度等级。当委托人在此情形下委托鉴定致残等级时，鉴定人会出具"根据现行有效的法律标准，不宜对被鉴定人进行致残程度等级的鉴定"的结论性意见或说明。但儿童心理发育不够健全，存在自我归因倾向，是否应研制相关鉴定技术规范或鉴定标准以体现对儿童利益的充分保护，值得关注。

3. 未成年被害人性权益被侵害案件

《中华人民共和国刑事诉讼法》规定的"未成年人刑事案件诉讼程序"不能仅重视未成年犯罪嫌疑人和被告人利益，待条件成熟时应全面制定保护未成年被害人的司法特别程序。当前，有关部门应尽快研究解决刑事附带民事诉讼中儿童的精神损害赔偿问题，建立国家补偿制度，完善未成年被害人的法律救济制度。此外，还要完善教育、宣传等方面的法律法规，加强对未成年人预防性侵害教育的立法，保护儿童的最大利益。

立法上的逐步完善也应当配合司法上的进步。公安机关、司法机关在办案过程中要依法采取特别程序避免儿童受到二次伤害。询问未成年被害人的时候，应以不伤害未成年人为原则，如选择其心理上感到安全的场所进行。在未成年被害人及其亲属、未成年证人所在学校、单位、居住地调查取证的，应当避免驾驶警车、穿着制服，以缓解未成年人的心理压力。同时，询问中应确保对未成年人有利的法定代理人、成年亲属、基层组织代表人、未成年人保护组织代表人到场。询问方式应考虑儿童的身心特点，和缓进行。以一次询问为原则，尽可能避免反复询问。对此，建议增设此类案件的心理和精神损害程度的评估（侮辱案件所导致的心理和精神损害也应纳入此列），以确保未成年被害人的权利，维护未成年被害人的心理健康。

4. 未成年人监护人指定或监护权诉讼

目前，国内对监护人的监护能力采用默认方式，即默认非持有精神疾病病历的成年人具有监护能力。但在司法实践中，不排除部分天然的监护人因能力欠缺而不足以承担监护责任;而且国内并未设置监护人监管制度,当部分监护人损害被监护人的利益时,被监护人的利益不能得到有效维护。故对有关监护人的精神状态、监护能力进行评估,有助于国家有关部门或人民法院依法选任最合适的、能够履行监护职责的人员担任未成年人的监护人,从而使儿童利益最大化原则落到实处,完善对儿童合法权益的保护。

5. 作证能力鉴定及其他鉴定

《未成年人保护法》明确规定,对未成年人的讯问、审判需通知其法定代理人或其他人员到场。除此之外,在目前的司法鉴定实践中,鲜见针对未成年人作证能力及受审能力或其他能力的相关鉴定。对此是否应将未成年人相应的能力纳入司法鉴定范围? 若要充分保障未成年人在接受讯问及审判过程中的权利,对未成年人的作证能力及相关能力的鉴定确有必要。

(三) 儿童最大利益原则在法医物证鉴定实践中的体现

在诉讼活动中,当事人可申请亲子鉴定,法律并未对此有明确规定。在亲子鉴定实践中,鉴定事由上很少从孩子的角度出发,更缺乏对孩子隐私权、被抚养权等有关权利的保护。

目前,关于婚生亲子关系推定的立法主要有三种,英美法系一般对婚姻内出生的孩子推定其具有婚生子女的法律地位,但是,与此同时也设置否认诉讼制度,父亲或母亲可在规定期限内提起有关亲子关系的诉讼,否认与婚生子女法律上的亲子关系。在美国,未成年子女的权益优先于血统真实主义,未成年子女即使同意作亲子鉴定,私自进行的亲子鉴定所得出的鉴定意见也不能成为可信的证据,且不具备证据能力。在英国,亲子鉴定的权限被赋予法院,从而追求最佳裁判。

有学者认为,涉及亲子鉴定的案件,法院在处理时应当将未成年人的利益放在首位。例如,美国最高法院审判亲子鉴定案件时,把亲子鉴定结果对子女是否有利作为采纳标准,有利于子女利益的采纳鉴定意见,不利于子女利益或者子女不愿知晓生父的,则不予以采纳。在法国,只要亲子有过共同生活的事实或者时间的经过,则亲子关系成立,无关亲子鉴定的结果,自然也就没有亲子鉴定存在的必要。

在我国,涉及诉讼活动之外的亲子鉴定的启动受控于省级亲子鉴定管理机构,未经管理机构的批准,司法鉴定机构不可随意启动亲子鉴定的程序。诉讼活动中的亲子鉴定,其申请人为当事人一方或双方,申请人向法院申请,经法院批准后,随机选取具备资质的司法鉴定机构进行鉴定。由此可见,在我国亲子鉴定的启动权由国家权力机关掌控,儿童最大利益原则是其决定是否启动亲子鉴定的重要依据。

从国外立法看,《德国民法典》和《瑞士民法典》均对生父提请否认亲权的时效作出了规定,通过时效的限制避免亲子鉴定启动权力的滥用。这有利于婚姻、家庭的稳定,有利于未成年人权利的保障。在我国,具备鉴定资质的司法鉴定机构也应该在鉴定人的资质、鉴定程序的规范性以及鉴定结果的保密性等方面作出相关的规定,对于每一例案件中的当事人的姓名、血样、证明书等资料,应当妥善保管。对于鉴定结果,除当事人及法院外,应当严格保密。当事人不得将非亲生报告结果告知他人,避免对儿童造成不必要的心理伤害。法院审理涉及青少年亲子鉴定的案件应当采用特殊程序,对外不公开审理,以切实维护未成年人的权利。

作为弱势群体的未成年人在亲子鉴定案件中,其权利保障通常缺少必要的保护主体——父母。应树立未成年人个体权利保护观,坚持儿童最大利益原则,积极保护未成年人的权益,严惩侵害未成年人权利的行为,规范亲子鉴定程序,为保护未成年人权利提供必要的技术支撑。

(四)儿童最大利益原则在法医病理司法鉴定实践中的体现

我国法医病理司法鉴定领域有关儿童最大利益原则的技术标准有《新生儿尸体检验》(GA/T 151—1996),该标准属于公安行业推行技术标准。对于鉴定新生儿死亡原因,区别新生儿自然死亡和非自然死亡具有重要意义。

三、不足之处

从前述梳理出的我国司法鉴定实践中有关儿童最大利益原则的相关标准、鉴定实务可以看出,该原则在我国司法鉴定领域的实践仍处于初级阶段,存在诸多不足。具体表现为以下四个方面。

第一,儿童最大利益原则与司法鉴定制度程序衔接不紧密。在我国现行司法鉴定程序中,尚未形成专门针对未成年人案件的启动制度、实施制度、质证制度、认证制度和专门鉴定技术标准等。涉及未成年人的司法鉴定程序基本按照成年被鉴定人程序进行,不利于实现儿童利益最大化。

第二,儿童最大利益原则在司法鉴定中的实践范围不全。司法鉴定是利用人类社会的一切自然科学、社会科学、工程技术和专门知识来协助解决与诉讼有关的专门性问题,以最大限度帮助司法人员查明案件事实,其涉及的领域非常广泛。而涉及儿童最大利益原则的领域理论上也非常广泛,但从目前的实践现状来看,其覆盖范围比较局限。这与该原则在我国的引入时间较短、相关理念接受度总体不高等因素有关。

第三,儿童最大利益原则的实现尚缺乏专门司法鉴定技术标准支撑。前述梳理的法医类鉴定中,仅法医临床鉴定与法医病理鉴定中有针对未成年人(或仅针对新生儿)鉴定的专门性条款,法医精神病鉴定与法医物证鉴定这两个执业类别中尚没有体现儿童最大利益原则的相关条款。即使目前法医临床鉴定与法医病理鉴定中有针对未成年人(或新生儿)鉴定的专门性条款,但相关制度仍不够健全,条款呈现零散化、碎片化的特点,不能确实全面地保护未成年人的相关利益。

第四,儿童最大利益原则尚未引起司法鉴定行业的广泛关注。目前司法鉴定行业缺乏以未成年人为侵害对象和涉及未成年人权益保护等相关案件的专业化鉴定人员。如法医精神病鉴定领域,一旦涉及未成年人的精神损伤、精神伤残等鉴定,就可能面临司法鉴定机构难以落实保护未成年人的问题。由于儿童精神医学本身在我国发展不够成熟,属于非常小众的领域,专门的儿童司法精神鉴定程序构建阻力较大。建议不断加强未成年人司法鉴定的专业化、制度化建设,选任经过专业培训、熟悉未成年人身心特点的司法鉴定人承办相应的鉴定案件,健全未成年人鉴定制度,提高鉴定质量,落实未成年人司法保护措施。

四、完善建议

通过前述对儿童最大利益原则在司法鉴定中的实践现状探索,不难发现,司法鉴定作为一项司法程序中的科学技术实证手段,与儿童最大利益原则的实现有着紧密的联系。结合课题组成员长期从事司法鉴定实务和理论研究的经验与前述研究，对今后进一步在司法鉴定领域深化儿童最大利益原则提出如下建议：

第一，系统梳理我国现有法律、法规中有关儿童最大利益原则的相关规定，并对其在实施过程中涉及的（含可能涉及的）技术鉴定问题进行专题研究，主动分析、对接法治需求，从司法鉴定学科建设、人才培养、技术研发、标准制定等角度进行综合研究，以便在司法实务中提供专业的技术保障。如积极组织典型案例研讨，各司法鉴定机构、行业组织及鉴定管理部门可定期收集典型案例，探讨儿童最大利益原则的具体运用，在实践中认识该原则的运用机理。

第二，对现有司法鉴定标准、技术规范中涉及儿童最大利益原则的条款、条文进行系统梳理，分析总结其实施状况、效果、操作规范性，并提出修订、完善建议。加强对司法鉴定人专门培训，提高鉴定人对于适用此类条款的技术能力，统一认识。必要时可推动研制专门性鉴定技术标准、技术规范或操作规程等。加强未成年人司法鉴定程序制度完善研究，亦可编制"未成年人司法鉴定程序规范"，其中涉及未成年人的司法鉴定可采用专门程序、未成年人鉴定检查在场人员规定及检查规范以及未成年人鉴定隐私的保护（尤其是涉及性功能障碍的鉴定等方面）。

第三，加强对涉及儿童权益保护司法鉴定领域的专门性研究，不断扩展儿童最大利益原则在司法鉴定领域的适用范围。条件成熟时可发展相应的专门性分支学科，如法医儿科学等。在法医学以外的司法鉴定领域也有不少涉及儿童最大利益原则的鉴定事项，值得今后加强专门研究。如新生儿登记中的指印、掌印留存制度，DNA留存制度，环境损害司法鉴定中涉及胎儿损害、儿童血铅检测及其导致的人体损伤程度鉴定、伤残等级鉴定等。

第四，加强政府引导和政策支持，促进全社会形成保护儿童、关爱儿童的良好氛围，推动多学科合作，促进相应学科发展和人员队伍建设。儿童最大利益原则在司法鉴定中的适用涉及法学、伦理学、社会保障学、公共卫生学、法医学、司法鉴定学、环境病理学等诸多学科。对于涉及儿童的司法鉴定，如有必要可采取专家会诊制度，保证鉴定的公平公正，进一步共同推动儿童保护事业的发展。

五、结语

因儿童最大利益原则在我国法律制度中的凸显度、关注度有待提高,在司法鉴定制度、标准、技术和实务中的"含量"仍未达到应然状态。加上从一项价值理念、法治原则到具体法律、法条或标准、制度,其中需要多学科、多领域协同合作,久久为功,方能取得实效。因此,对于本文所提出的问题,期待法学教育、司法鉴定等相关领域专家予以关注,借助法律和技术来推动我国的儿童保护事业向前发展。

构建中医医疗损害司法鉴定制度的必要性及可行性

张 静* 徐静香** 阎 婷*** 石小迪****

中医药是中华民族的瑰宝,为中华民族的繁衍作出了巨大的贡献。但由于过去相当长的时间内,中医药学未得到应有的重视,后继乏人、后继乏术的现象依然严重。中医药事业要随着中华民族伟大复兴而复兴,人才是根本,医院是关键,特色是方向,制度是保障。因此,必须在政府管理、法规制定、医学体系构建等方面改变以西医为标准的做法,尤其是当中医医疗活动中出现医患纠纷,评判医疗行为的功过是非应当由中医药专业人员作出专业鉴定。

一、建立中医医疗损害司法鉴定制度的必要性

医疗损害鉴定是依法解决医疗纠纷的重要手段,也是医疗质量安全评估系统的重要组成部分,其对医疗行为科学、公正的评判,在维护医患双方合法权益、促进医学发展等方面起至关重要的作用。当中医医疗行为发生争议时,应当由谁来评判,这是法学界和医药界必须面对的问题。

(一)中医医疗纠纷鉴定的现状

对医疗纠纷的鉴定,当下我国不同地区共有三种方式并存:医疗事故鉴定、医疗

---

* 上海中医药大学教授,上海市捷华律师事务所律师。
** 上海中医药大学讲师。
*** 上海中医药大学讲师。
**** 上海中医药大学讲师。

损害鉴定、法医学司法鉴定。无论是医学会的医疗事故鉴定和医疗损害鉴定,还是法医学司法鉴定,均尚未建立独立的中医药专门鉴定,现有的鉴定都是基于西医学为主要医学基础的鉴定。近几年来,一些地区的医疗事故鉴定和医疗损害鉴定虽在鉴定过程中也会邀请1~2名中医药人员参与鉴定活动,但与司法鉴定要求的同行专业评议差距甚远。

(二)真实案例体现现实需求

案例一:陈某,女,16岁,因青春期肥胖就诊于某知名医院的内分泌专家,在该院住院治疗后,两次去该专家特约门诊就诊,该专家在为陈某开出一系列西药的同时,开出中成药"龙胆泻肝丸",每日2次,每次9克,并口头告知"龙胆泻肝丸"可服用一年后再去医院诊治。此后,1999年8月至2000年8月女孩自费购买"龙胆泻肝丸",2000年8月女孩复诊。该医生告知"龙胆泻肝丸"无副作用,可长期服用,遂在门诊病历卡上开出:除停用赛庚啶外,继续服用"龙胆泻肝丸"。2001年8月2日,女孩突然昏倒,到另一医院急诊治疗,被诊断为慢性肾功能不全、尿毒症、肾小管坏死、间质性肾炎、双肾萎缩,发出病危通知。

西医专家运用西医手段为患者治疗肥胖病,却用了一个中成药,且是长期超剂量的服用。药典规定的剂量为每日2次,每次3~6克,而专家处方为每日2次,每次9克。

陈某将医院告上法庭。诉讼中,某医学会的医疗事故技术鉴定书虽然认定患者服用"龙胆泻肝丸"一年余,与其此后发生的慢性间质性肾炎、慢性肾衰竭维持血透之间存在一定的因果关系,但同时认为在当时的医学科学技术条件下,相关医师对有关中药的肾毒性认识不够,医院在对陈某诊疗过程中,未违反医疗卫生管理、行政法规、部门规章和诊疗护理规范、常规,认定该病例不构成医疗事故。

患者对上述鉴定不服,大部分专业人士对此鉴定意见也持否定态度。

案例二:患者张某因胸闷气短浑身乏力,到北京某中医诊所(以下简称医方)治疗,经诊断为"肝血虚,胸痹,心肾不交",经治医师开具7日处方,内含半夏40g。服药7日后,患者再次前往医方就医,医师另开具一个3日处方,内含半夏12g,并嘱"如效不显及时去医院就医"。患者自诉服用后症状加重后停药,入院检查的结果系双肾轻度弥漫性病变。之后辗转多院,被诊断为慢性肾功能不全尿毒症。患者诉至法院,法院委托两家司法鉴定机构进行鉴定。评估意见均倾向于具有一定因果关系。具体因果关系参与度无法评估。一审法院判决医方赔偿患者人民币477万余元。医方不服,提起上诉,二审维持原判。[1]

多数专家认为:

(1) 10日中药的剂量是不可能导致尿毒症这类慢性疾病的,经炮制的半夏已减毒,若半夏有毒,该患者也应该是急性药物性肾功能损害。

(2) 仅以医方所用剂量偏大就认定医方过错是违反中医药诊疗专业规范的。《中华人民共和国药典》"凡例"部分及国家中医药管理局《关于印发中药处方格式及书写规范的通知》规定,饮片用量是指导用量,而不是对最大用量的强制性规定,医生在诊疗过程中可以根据病人情况酌情增减。

(3) 是药三分毒,以毒攻毒是中西医均认可的治病方法。另外,即使单味药"半夏"有毒,也不等于经过配伍的药方熬出的汤剂有毒。

(4) 该鉴定意见语焉不详,专业性不强。

上述两个案例表明,中、西医是两个完全不同的医学体系,以西医学为主的医学会鉴定以及没有中医药专业人士参与的司法鉴定仅从西医角度评判中医,难以对诉讼涉及的中医药专门性问题进行鉴别和判断。

(三) 中医药传承精华守正创新的需要

近年来,本着中西医并重的发展理念,我国中医药服务体系日益完善,全国绝大部分的基层医疗机构能够提供中医药诊疗服务。越来越多的老百姓在家门口就能看上中医,全国现有中医机构6.5万多个,年诊疗量约11.6亿人次,[2] 中医药是我们国家卫生健康事业的优势和特色,一直给老百姓提供日常医疗服务,特别是在养生保健方面,更多人容易接受传统中医药的理论、方法。在新冠疫情防控中,中医药在第一时间参与疫情救治工作,取得了非常好的成效,再次凸显了我国中医药的传

---

[1] 参见北京市第二中级人民法院民事判决书,(2014)京02民终11726号。

[2] 参见佚名:《中医药守正创新迈出新步伐》,载中新网2020年11月6日,https://www.tcmer.com/Newscentre/tcmnes/202011/137537.html。

统优势,也再次提示我们应该在传承的基础上不断地发扬。

虽然中医与西医一道共同维护人民健康,然而由于中西医是两种不同的医疗体系,近代以来,西医逐渐占据我国医疗体系的主导地位,中医药在政府管理、法规制定、医学教育、体系构建、标准评价等方面一般以西医为标准,忽视了中医药自身发展的特性。

构建中医医疗损害司法鉴定制度体系,也是遵循中医药发展规律、守正创新、坚持中西医并重,推动中医和西医相互补充、协调发展的需要。

(四)完善中医药治理体系和治理能力的需要

目前,我国在医疗损害司法鉴定制度建设方面取得长足的发展,但是系统性、整体性和协同性还不够。特别是在中医药方面,国家虽然颁布了《中华人民共和国中医药法》(以下简称《中医药法》),但与之配套的相关制度还供给不足。中医如果继续在西医的评判标准下鉴定,将会导致许多中医为了避免责任,采用西医的技术手段从事医疗活动,中医不用中医思维看病,就等于不会看病。不仅如此,西化后的中药减轻了疗效,或者根本没有疗效,而确有疗效的中药因为不符合"西医"的标准而被取消。长此以往,将会阻碍我国中医药事业的发展。

依法建立独立的中医医疗损害司法鉴定制度。当遇到与中医药相关的医疗问题与决策难题时,由中医医疗损害司法鉴定机构组织中医专家进行专业鉴定。一方面,推动中医药人自我管理,保护好中医,鉴别伪中医。另一方面,专业性、独立性是中医医疗损害司法鉴定具有权威性的基本保障,也是中医药完善治理体系和治理能力的需要。

二、依法建立中医医疗损害司法鉴定的可行性

(一)《中医药法》为建立中医医疗损害司法鉴定提供了现实可能

《中医药法》第50条规定,国家加强中医药标准体系建设,根据中医药特点对需要统一的技术要求制定标准并及时修订。中医药国家标准、行业标准由国务院有关部门依据职责制定或者修订,并在其网站上公布,供公众免费查阅。国家推动建立中医药国际标准体系。

20世纪初,梁启超提出"尽管中医能治好病,但没有人能够回答中医为什么能治好病"。还有一种普遍的误解,认为中医药没有标准,无法鉴定。诚然,中医医疗损害司法鉴定存在诸多难点,比如组方用药由于流派不同差异很大。我国著名老中医、国医大师邓铁涛曾经提出,中医药现代化必须摆脱"十个中医讲话九个样"的局面。古人云"不以规矩,不能成方圆"。完善中医药标准体系,加强标准建设是关键。《中医药法》第50条是对加强中医药标准体系建设的规定,为建立中医医疗损害司法鉴定提供了现实可能。标准是衡量事物的准则。中医药服务的质量安全,需要实施中医药标准化工程。目前国家有关部门加强中医临床诊疗指南、技术操作规范和疗效评价标准的制定、推广与应用。系统开展中医治未病标准、药膳制作标准和中医药保健品标准等研究。完善并健全中药质量标准体系,加强中药质量管理,重点强化中药炮制、中药鉴定、中药制剂、中药配方颗粒以及道地药材的标准制定与质量管理。加快中药数字化标准及中药材标本建设。加快国内标准向国际标准转化。加强中医药监督体系建设,建立中医药监督信息数据平台。推进中医药认证管理,发挥社会力量的监督作用。

(二)《中医药法》为建立中医医疗损害司法鉴定提供了法律依据

《中医药法》第51条规定:开展法律、行政法规规定的与中医药有关的评审、评估、鉴定活动,应当成立中医药评审、评估、鉴定的专门组织,或者有中医药专家参加。

近年来,医学会的医疗损害鉴定或医疗事故鉴定,遇到中医医疗纠纷时,也会邀请若干中医药专家参加鉴定,但中医药专家参与比例没有明确规定,带有一定的随意性;全国范围内的司法鉴定目前尚无专门的中医药司法鉴定,前述案例二的司法鉴定没有中医药专家参加,这也是案件遭诸多中医药专业人士诟病的主要原因。

可见,依法建立中医医疗损害司法鉴定制度,或由中医药学会组织对中医药医疗纠纷进行专业鉴定,是正确贯彻实施《中医药法》的具体体现。

(三)中医药领域拥有强大的专家团队,完全可以胜任鉴定工作

中医药领域有多个全国性的学术团体,比如中华中医药学会、中国针灸学会、中国中西医结合学会。

其中,中华中医药学会是我国成立最早、规模最大的中医药学术团体,其包括中药鉴定分会、中医基础理论分会、中药临床药理分会在内的64个专科分会;另有包括解放军中医药学会在内的44个地方分会。[1]

中国针灸学会是由全国针灸医学及相关领域的科技工作者及相关单位结成的全国性、学术性社会团体,现下设34个专业委员会(分会),37个地方学会。[2] 中国中西医结合学会是中西医结合医学科学技术工作者组成的学术性团体,下有包括重症医学专业委员会、检验医学专业委员会在内的65个专业委员会。[3]

以上中医药学术团体会员众多、学科全面、具有较高的学术水平与组织能力,完全能够承担中医医疗纠纷的鉴定工作。

(四)建立中医专业司法鉴定组织有史可鉴

1912年至1949年是中西医之争极为激烈的时期,随着西医和法医鉴定制度逐步完善,西医鉴定中医的案件时有发生,但其鉴定结果使民众和中医都无法信服,中西医冲突不断。

当时的中医界有识之士意识到建立独立的中医司法鉴定组织的重要性,指出:若由西医来鉴定中医方药的正误,则无异于"木工也可鉴定裁缝之制衣,车夫也可鉴定海员之航船矣";"南辕北辙,其误可必"。经过努力,终于建立了"中央国医馆处方鉴定委员会"。该组织在一定程度上改善了当时中医医疗服务环境,维护医患双方共同利益,促进中医鉴定制度化,为中医的继续生存提供保障。我们应善于从历史经验中获得启迪、扬长避短,设计适应时代发展需要、更加完善的鉴定制度为当代中医药发展服务。

三、完善建议

可从以下几个方面建立健全中医医疗损害司法鉴定制度:

---

[1] 参见中华中医药学会:《学会简介》,载中华中医药学会官网2020年11月30日,http://www.cacm.org.cn。

[2] 参见中国针灸学会:《学会简介》,载中国针灸学会官网2020年11月30日,http://www.caam.cn/article/432。

[3] 参见中国中西医结合学会:《学会简介》,载中国中西医结合学会官网2020年11月30日,http://www.caim.org.cn/xhjs/index.jhtml。

（一）赋予中医药学会与医学会同样的鉴定资质，以使中医医疗纠纷中的"同行评议原则"、医疗损害鉴定的专业性得以真正体现

根据中医药学会章程规定，学会的主要业务范围是开展中医药学术、教育、宣传活动，对中医药政策、法规、决策进行论证，组织中医药学术交流与合作等活动。从中医药学会既有的职能来看，赋予其与中华医学会相同的医疗损害鉴定资质，既能丰富和完善其作为中医药学术团体的作用，又能在中医医疗纠纷中真正实现中医专业人士评判中医的"同行评议原则"，真正体现中医医疗损害司法鉴定的专业性。

（二）在中医药院校内成立"中医医疗损害司法鉴定中心"，主要对中医药领域的医疗损害争议进行司法鉴定

随着司法鉴定管理体制的改革，高等医学院校司法鉴定机构得到了进一步的发展，逐步成为司法鉴定服务行业中的重要力量。据了解，目前全国大部分西医院校均有司法鉴定中心，而中医院校只有甘肃中医药大学成立了司法鉴定所，但该鉴定所也是西医的法医鉴定，而不是专门的中医医疗司法鉴定。在中医院校内成立"中医医疗损害司法鉴定中心"，主要对中医药领域的医疗损害争议进行司法鉴定，既能从专业的角度对中医医疗损害争议进行公平、公正的评判，又能承担高校教书育人的主要任务，以大量司法实践案例来丰富教育教学资源，为中医药教育形成良性发展。

（三）遴选相关背景的专业人士成立中医药医疗损害司法鉴定专家库，聘请专业人才兼职或专职担任

2019年9月，上海市司法局启动司法鉴定专家库组建工作，来自法医病理、法医临床、法医精神病、法医物证、法医毒物、文书、痕迹、微量、声像资料、环境损害等10个类别的260名专家入选。[1] 司法鉴定专家库是司法鉴定中选择鉴定人员的重要渠道。专家库的建立，能集中优势发挥专家在研讨、论证、评估方面的作用，更好地促进司法鉴定工作的开展。而在众多专家中，具有中医药学背景的几近空白，这对

---

[1] 参见赵婕、董凡超：《高水平司法鉴定专家库如何建设》，载法制网，http://www.chinalaw.gov.cn/Department/content/2020-08/03/612_3253632.html。

于中医医疗损害司法鉴定而言无疑是不利的。因此,遴选相关背景的专业人士成立中医药医疗损害司法鉴定专家库,聘请专业人才兼职或专职担任专家库成员对提高司法鉴定专家库的全面性具有重大意义和作用。

(四)制定中医医疗损害司法鉴定规则,确立中医司法鉴定程序

鉴定标准统一、鉴定规则明确、鉴定程序规范化是确保鉴定结果公平、公正的前提条件。由于中医药服务的特殊性,在医疗损害鉴定上不适宜照搬西医模式。同时,随着《中医药法》的出台,以《中医药法》为依据,制定具有中医药特色的、专业化统一化的中医药损害司法鉴定规则,确立中医司法鉴定程序应当及时纳入中医药立法的下一步任务,从而从法律层面,对中医药医疗损害司法鉴定形成规范和依据。

(五)培养中医药司法鉴定人才

人才就是力量,在中医医疗损害司法鉴定领域同样如此。司法鉴定专家库在中医药学者领域的空白,很大的原因在于缺乏足够的人才培养。对于这一现象,全国各大中医药院校具有不可推卸的责任和使命。中医药院校应当像西医培养法医一样,着力培养中医药司法鉴定人才,不断为中医药事业发展添砖加瓦。

综上所述,中医药司法鉴定目前在全国范围内是缺失的,中医药的可持续发展离不开中医人的自强自立、自我管理。依法建立中医医疗损害司法鉴定制度是当务之急。

"一带一路"背景下我国司法鉴定
体制的完善路径

叶 靖*

一、"一带一路"建设对司法鉴定的挑战与机遇

在"一带一路"倡议下,各国之间的交往联系更加活跃,经济建设也将会快速发展,在发展过程中的各种经济关系和人际关系也将变得更加密切。同样地,在密切联系的同时,各种纠纷也会随之增多。而司法鉴定运用科学技术和专门知识对诉讼涉及的专门性问题进行鉴别和判断,为诉讼活动中的一个重要部分,为相关诉讼活动提供鉴定意见的机会和要求必将不断增多。为了能够契合"一带一路"倡议,建设提供高效优质的司法鉴定服务,依法协助解决"一带一路"建设中遇到的法律纠纷,同时为我国司法鉴定的发展赢得更大的空间和机遇,本文将从多维度、多方面对我国司法鉴定现况进行研究总结。

"一带一路"沿线涉及65个国家与地区,其中包括东亚的蒙古国、东盟12国,西亚18国,南亚8国,中亚5国,独联体7国,中东欧16国。通晓中文、熟知中国的外籍司法鉴定人,以及通晓当地语言,熟知机关国家地区政治、经济、法律、文化风俗的司法鉴定人才十分匮乏。语言障碍成为"一带一路"背景下司法鉴定领域沟通与交流的最大难题。在这种复杂的环境下,需培养具有全局视野的复合型人才。在具备一定的鉴定技术能力的基础上,同时需要熟练掌握当地国家和地区的语言及文化风俗,才能深入地了解当地司法鉴定相关的法律法规及技术规范标准等。

---

* 上海政法学院警务学院讲师,华东政法大学法学博士。

虽然"一带一路"共建国家和地区隶属的法系不同,但主要为大陆法系,此外还有一些国家和地区属于伊斯兰法系。从法律制度的视域下出发,分析司法鉴定体制的不同之处,可对我国司法鉴定体制的完善提供一定的经验。

二、我国司法鉴定体制现状分析

司法鉴定体制须适应国情,与诉讼制度相配套,才能充分发挥司法鉴定的重要作用。从萌生到发展,经过长时间的摸索实践,我国自己的司法鉴定体制渐具特色。

(一)我国司法鉴定机构的设置情况

20世纪50年代初,我国最早的司法鉴定机构产生于公安机关内部。党的十一届三中全会后,公安部门针对刑事案件建立了自己的司法鉴定系统,共有四级,包括公安部第二研究所及各省、自治区、直辖市、地区、县的司法鉴定机构。20世纪90年代以后,检察机关相继建立起专门司法鉴定机构,亦为四级,从最高检到省、自治区、直辖市、地区、县检察院的司法鉴定机构,主要鉴定自侦案件中的刑事技术问题,并对公安机关移送起诉的刑事案件中关于专门技术问题的证据进行文证审查,必要时进行重新鉴定。自2005年全国人民代表大会常务委员会《关于司法鉴定管理问题的决定》(以下简称《决定》,已于2015年修订)规定人民法院和司法行政部门不得设立司法鉴定机构,杜绝了自鉴自审的情况。1951年,司法鉴定科学技术研究所成立,该所归司法部直接管理,从事司法鉴定与科研工作,有条件地接受社会委托鉴定的案件,协助受理全国公检法等执法司法系统委托鉴定的案件。20世纪90年代以来,经司法部批准,司法鉴定机构在政法类院校、医科大学、综合性大学的法学院、医学院等科教文卫系统相继成立。一些临床医院被指定为从事人身伤害、医疗事故和精神疾病司法鉴定工作,各地医学会下属的医疗事故司法鉴定机构对医疗事故进行鉴定等。除此之外,各地还设有其他专门的司法鉴定机构,如知识产权局、财政金融系统、商品进出口检验部门、动植物检疫部门、粮食种子管理部门、环境保护行政管理部门等,由于其专业性,也相继成立了专业的司法鉴定机构。可以看出,我国司法鉴定机构拥有多层次的鉴定部门和种类,在设置上也略显庞杂。[1] 国家级的司法鉴定机构实力雄厚,人员与设备的配备也较为齐全,因此能取得当事人与司法机关的信赖。设于政法类院校、医科大学、综合性大学的法学院、医学院下的司法鉴定机构,其在专业鉴定领域内表现出的科研水平较高,但是在其下就职的执业人员基本属于兼职性质,人力投入十分有限。而民营的司法鉴定机构,一般资金不足,起点不高,没有能力配备最先进的鉴定设备,也很难聘请到专业基础扎实、鉴定经验丰富的鉴定人员,因此开展鉴定工作的能力与条件普遍不足。

(二)我国司法鉴定人管理现状

鉴定人作为鉴定主体,是依法接受委托,并对诉讼涉及的专门性问题进行鉴别、判断,并提供鉴定意见的人。对鉴定人的管理采用的是行政许可的登记管理制度。《决定》对鉴定人资格的取得作了相应规定。[2] 满足条件者可向登记机关申请从事司法鉴定执业资格。国务院司法行政部门主管全国鉴定人和司法鉴定机构的登记管理工作。对司法鉴定人进行管理的内容十分广泛,可以说贯穿了一名司法鉴定人执业的始终。从鉴定人资格取得的职业准入管理,到取得鉴定人资格后的岗位培训和继续教育管理,以及执业时的行为规范管理、责任追究及诚信等级管理,再到鉴定人资格的审查与撤销管理,鉴定人在执业活动中须受到严格的监管,只有这样,才能保证司法鉴定人在司法鉴定活动中做到公正高效。

(三)我国司法鉴定管理体制现状

我国司法鉴定管理的实定法依据是《决定》的相关规定,对管理主体、管理客体等多作了规定,为司法鉴定活动制定了统一的管理和登记制度。司法实践中,对司法鉴定管理模式有多种分类方法。按司法鉴定管理主体的集散程度,可分为3类:集中型管理模式、分散型管理模式以及混合型管理模式。集中型管理模式,是指司法鉴定活动由政府的一个部门或某个行业组织集中管理的模式;分散型管理模式,

---

[1] 参见刘革新:《构建中国的司法鉴定体制》,中国政法大学2006年博士学位论文,第118~122页。

[2] 《决定》第4条第1款规定,"具备下列条件之一的人员,可以申请登记从事司法鉴定业务:(一)具有与所申请从事的司法鉴定业务相关的高级专业技术职称;(二)具有与所申请从事的司法鉴定业务相关的专业执业资格或者高等院校相关专业本科以上学历,从事相关工作五年以上;(三)具有与所申请从事的司法鉴定业务相关工作十年以上经历,具有较强的专业技能"。

是指司法鉴定活动的不同领域和范围由多个政府部门或行业组织分类管理的模式；而混合型管理模式则是集中管理和分类管理的结合。[1] 按司法鉴定管理主体的权力类型来看，可分为行政权力管理模式与社会权力指导型管理模式，以及混合型管理模式。顾名思义，行政权力管理模式，是指司法鉴定部门由国家行政机关直接管理的模式；社会权力指导型管理模式，是指司法鉴定活动由司法鉴定的行业组织进行规范、指导的模式，而混合型管理模式则是指上述两种管理主体划分权限，分别管理司法鉴定活动的相应领域的模式。[2]

我国目前的司法鉴定管理体制，是以司法行政部门行政管理为主、行业协会管理为辅的一种管理体制。司法鉴定的管理主体是国家级和省级的司法行政部门，不过，由于公安机关、检察机关拥有设立司法鉴定机构的权力，公安机关、检察机关对其内部司法鉴定机构实行管理，因此公安机关与检察机关也是司法鉴定的管理主体之一。然而，在实践中，业务主管部门的行政领导常担任司法鉴定行业协会的领导，自律管理难以实现，造成了以司法行政部门行政管理为主、行业协会管理为辅相结合的管理机制在实践中难以落实。

2016年最高人民法院与司法部联合发布了《关于建立司法鉴定管理与使用衔接机制的意见》（司发通〔2016〕98号），就建立司法鉴定管理与使用衔接机制提出了一系列指导性意见，充分发挥了司法鉴定在审判活动中的积极作用。该意见立足于目前管理主体在各自司法鉴定管理范围内的实际问题，建立司法鉴定管理与适用衔接机制，以使司法鉴定在审判活动中的功能得以发挥。

三、域外司法鉴定体制发展概况

英美法系国家与地区的鉴定人出具的鉴定意见为专家证言，在诉讼中不必然具有客观公正性；大陆法系国家与地区的鉴定人出具的鉴定意见多为法定证据种类之一，以查清案件事实为己任，普遍具有法律效力。两大法系的鉴定人身份地位在各自体制中并不相同，因此对其管理方式也会有不同之处。一种体制在本国或地区经

---

[1] 参见杜志淳、霍宪丹主编：《中国司法鉴定制度研究》，中国法制出版社2002年版，第22~23页。
[2] 参见王刘筠：《司法鉴定管理制度研究》，西南政法大学2010年硕士学位论文，第8页。

过长期的实践与发展,必然有其特有的优势。笔者从英美法系国家与大陆法系国家中各挑选了几个较具代表性的国家来剖析其司法鉴定体制的不同表现方式,以供参考。

(一) 一些国家司法鉴定体制概况

1. 新加坡司法鉴定体制概况

新加坡于1976年设立科学服务部,下设3个部门:司法鉴定部、卫生科学部、资源与辐射部。其中司法鉴定部下设法医学实验室、麻醉品毒品实验室、毒物学实验室和文件检测实验室。在毒物学实验室下又成立了包括临床毒物分析在内的急性毒物学部门,该部门为医院中疑似过量服药和中毒的案件提供分析服务。2001年新加坡撤销卫生部,组建了新加坡卫生科学局(Health Sciences Authority,HSA)。HSA整合了司法鉴定和科学服务、国家药品监管服务。HSA由理事会管理,不同领域的专业人员负责监督该领域的学术运作,并在一定框架内自由、独立地汇报案件,不受高级管理层的影响。在人员的准入方面,其内部还有各种培训项目,根据认证要求,新加坡实验室认可计划(ASCLD-LAB 和 SINGLAS)等同于国际标准化组织(ISO)认证。新加坡卫生科学局的司法鉴定专家在独立签署案件之前需要独立接受针对其工作能力及表现的同行评议。

2. 土耳其司法鉴定体制概况

法医学是土耳其司法鉴定领域的主要组成部分,法医学专家都是医生,并且从医学院毕业后还要接受4年的培训。同时,他们必须轮转完成6个月的病理学学习和4个月的精神病学学习。这些医生要去全国各地进行尸体解剖,并对包括性虐待受害者等在内的受到创伤的人们进行临床检查。他们可以去大学医学院设立的法医学系,或者位于伊斯坦布尔的医学委员会完成他们的专业培训。

土耳其的司法鉴定活动主要由政府管理,诸如法医学委员会、警察和宪兵队等部门经常受到政治环境和政治变化的影响。在司法鉴定的大部分领域内,法医学委员会是主要的权威部门,法医学委员会根据司法部的授权提供服务,委员会主席由司法部部长在总统和总理的批准下任命。委员会下设的科学委员会主席及各分支机构的主席和委员会其他成员则都由委员会主席任命,并需要得到司法部部长的批准。土耳其的司法鉴定机构主要有法医学委员会、警察和宪兵队司法鉴定部门,其司法鉴定机构的数量在全国各地的分布并不均匀,各机构也难以有同样的质量管理体系。

3. 埃及司法鉴定体制概况

埃及有3个政府部门开展司法鉴定:司法部法医局、高等教育部法医和毒物学部以及内政部刑事证据调查总局。在高等教育部法医和毒物学部有数百名工作人员,包括全职教授、助理教授、讲师、讲师助理和示教讲师。他们主要负责教学、研究、参加培训及学术会议、完成法庭委托的法医学鉴定、个人咨询、实验室分析及中毒控制中心的临床毒物学实践。埃及的司法部法医局对保障司法正义具有举足轻重的作用,其下设司法鉴定现场工作部、司法鉴定实验室以及仿制和伪造鉴定部。其中司法鉴定现场工作部涉及尸体解剖和临床司法实践,法医专家总数为160人,主要负责为检察官和法院委托的案件出具法医学鉴定报告。司法鉴定实验室是法医局的一个工作部门,主要包括医学实验室、化学和分析实验室两个实验室。仿制和伪造鉴定部则专门从事各种货币、司法所需的正式和常规文件的真伪鉴定,案件的主要来源是检察院或法院。在内政部刑事证据调查总局下有两个机构:指纹鉴定部和刑事实验室。在刑事实验室中包括以下工作:犯罪现场调查部负责现场的文件记录和摄影,仿制和伪造调查部调查涉嫌的文件和货币,犯罪现场摄影部负责拍摄犯罪现场的照片并制作录像带,火灾和爆炸物调查部主要负责火灾和爆炸碎片的收集和分析。实验室调查部下主要有生物学调查科、影像学检验与调查科、色谱科、组织学检查科、滥用药物检验与分析科。刑事证据调查总局的组织架构分为中央机构和5个地方行政机构,司法部和内政部的实验室工作职责有重叠,检察官或法官负责分配工作。

(二)域外司法鉴定体制特点归纳

虽然上述国家与地区的政治、文化及社会背景存在差异,社会经济发展水平不尽相同,但纵览其司法鉴定机构的设置方式及管理体制模式,通过比较分析,可以发现其若干共同之处,总结规律如下。

1. 警察机构一般均会下设司法鉴定机构,法院均不设置司法鉴定机构,日本为例外情况。各国对警察系统下设的司法鉴定机构可从事鉴定的范围、对象规定不同,并不完全一致,相似之处是其内部的司法鉴定机构的鉴定范围均较为狭窄。比如在美国,全国的指纹自动识别系统与物证检验由联邦调查局的内设机构,即指纹鉴定科与实验室科负责。大多数国家的警察机构无权做尸体解剖,法医鉴定与其他鉴定完全分离,单独实行集中专门鉴定。

2. 普遍而言,国外司法鉴定机构的设置并不统一,有职能设置司法鉴定机构的主体众多,主要有4种设置方式。第一种是国家设置的权威性司法鉴定机构,第二种是侦查机关设置的司法鉴定机构,第三种是非侦查机关直接隶属的社会专门司法鉴定机构,第四种是从事其他科学技术业务研究的机构,需要时可解决特殊专门性问题。此外,司法鉴定机构的设置并不一味追求鉴定项目齐全,而更注重高度专业化。司法鉴定机构大都独立设置,不需要依附于其他主体,可以以自己的名义承担责任,并且各层级的司法鉴定机构并不互相隶属。例如,德国联邦和州的司法鉴定机构之间并无上下隶属关系,一定程度上能够保证司法鉴定机构在进行鉴定工作时的公正独立。

3. 大陆法系国家主要采取集中型的司法鉴定管理体制,通常由司法部负责对全国司法鉴定活动的统一管理工作。英美法系国家的司法鉴定管理体制则较为分散,以自律管理为主,一般均由专门部门——司法部负责制定统一的行业标准,负责对司法鉴定机构进行评估认证。英美法系国家在司法鉴定人管理制度上,缺乏对司法鉴定人的资质授予的明确规定,而大陆法系国家对鉴定人的管理则更为严格。不过在理论层面,随着学者对两大法系背景下司法鉴定管理制度的比较分析,借鉴大陆法系国家司法鉴定管理制度的积极之处,以弥补英美法系国家司法鉴定管理体制的不足之处,部分英美法系国家对此进行了一系列的改善。如英国近年来成立了专家证人执业登记委员会,在准入制度与等级制度上,对专家证人进行管理。

四、思考

两大法系司法鉴定体制各有所长,亦各有所短。不同政治体制背景下的国家面临不同的难题,对司法体制进行改革完善,保证司法的公正与效率可以说是世界各国都面临的一大课题,只是各国需要面对的问题不同。

(一)英美法系国家和地区司法鉴定体制

各国诉讼制度与司法制度不同,导致司法鉴定体制各不相同。在英美法系国家和地区,专家证人的资质没有具体标准,根据《美国联邦证据规则》第702条规定的表述,被聘的专家证人应具有相应案件中特定问题的专业知识经验,该知识经验并不为一般人所具有。[1] 专家证人需要就案件中涉及的专门性问题的证据资料进行加工整理,并就该领域的一些普遍性规则进行说明,形成专家证言,经过当庭质证、交叉询问后,帮助法官理解并成为法官认定事实的基础。英美法系国家和地区的司法鉴定管理制度也在一定程度上体现了其当事人主义的对抗制诉讼模式。简言之,英美法系国家和地区的司法鉴定制度是围绕当事人设计的,因此对司法鉴定机构、司法鉴定人并没有严格、明确的限制,鉴定人只是一种带有专业机构行业性质的证人。[2] 其所作的鉴定意见的证据地位并不高,双方当事人可以平等地决定是否要鉴定以及选择哪家司法鉴定机构。当事人主义模式下的司法鉴定制度,积极地发挥了当事人之间监督与制约的作用,有利于提高庭审的质量与效率,但是对司法鉴定机构和鉴定人的消极管理导致的一系列弊端也是显而易见的。鉴定人受当事人所雇,必然是为当事人服务的,其鉴定意见有可能有悖于案件的客观性和真实性,影响案件公平。

(二)大陆法系国家和地区司法鉴定体制

大陆法系国家和地区采用的是职权主义的诉讼模式,法官处于主导地位,司法鉴定体制是围绕职权主义诉讼模式设计的,鉴定人的作用在于发现案件事实真相,协助主审法官调查收集证据。因此在司法鉴定管理体制上表现出集中管理的特点,对鉴定人等设立了相对严格的事前管理方式。德国、法国等国设立了一些具有法定资格的司法鉴定机构,鉴定人在任职前需要通过司法鉴定机构的严格考核,并且具

---

[1] 《美国联邦证据规则》第702条"专家证词"中规定:"如果科学、技术或其他专业知识将有助于事实审判者理解证据或确定争议事实,凭其知识、技能、经验、训练或教育够格为专家的证人可以用意见或其他方式作证。"

[2] 参见裴兆斌:《中国司法鉴定管理制度改革研究》,法律出版社2015年版,第130页。

备相应的学历、资历等条件。也正是由于职权主义诉讼模式，大陆法系国家和地区往往会认为司法鉴定机构由司法机关所设立，因而审判人员对鉴定意见较为信任依赖，这实际上是对鉴定意见"准司法"的性质的信任，暴露了法官在采信鉴定意见时缺乏必要的规则约束的问题。在大陆法系国家和地区沿用鉴定意见的传统上，可以适当地吸收英美法系专家证人制度的有益成分，完善并落实出庭人作证制度，在鉴定意见的基础上，加上专家证人证言的佐证，以保障法官采信鉴定意见行使自由裁量权时的公平公正。应从制度上保证司法鉴定机构的中立性与独立性，进而保证鉴定意见的客观性与准确性，以确保司法的公正。

首先，在对司法鉴定人管理上，我国可以强化行业自律，逐渐努力实现平等竞争，淡化行政色彩，从管理方式上实现行政管理到行业自律的过渡。[1] 特别是当司法鉴定人与侦查人员身份交叉时，无法接受司法行政部门的统一管理，会导致鉴定人作出鉴定意见的合法性受到质疑。应切实规范鉴定人的准入与培训考核制度，细化司法鉴定人的资格条件，定期开展从业人员的继续教育，并对其专业技术能力进行考查，这样才能促使司法鉴定人员不断努力提高自身的专业素养与业务水平，保证司法鉴定人的执业水平与质量不断提升。

其次，在对司法鉴定机构的管理上，我国各省（自治区、直辖市）对其行政区域内的司法鉴定机构的设立应有一个合理的规划，比如建立完善有效的司法鉴定机构评估制度，通过一系列评估指标，对司法鉴定机构定期进行评估，对达不到评估标准的司法鉴定机构应有相应责任追究机制，如撤销其鉴定资格等。目前国家级的司法鉴定机构鉴定能力与业务水平在全国名列前茅，并且有国家的投入与支持，发展越来越好，应在行业内树立起模范带头作用。社会司法鉴定机构虽然在资源条件方面较国家级司法鉴定机构稍差，但是具有高度专业化的优势，可以高质高速为目标，发挥其特有的优势进行发展。依托高等院校、医疗等机构设立的司法鉴定机构则往往具有教研、科学、服务一体化的特点，可以将其鉴定技术与各自专业的研究课题或项目相关联，实现互通有无。如此一来，才能对各个司法鉴定机构针对自身的条件和特

---

[1] 参见宋一雄：《论我国司法鉴定管理制度的完善》，燕山大学2015年硕士学位论文，第3页。

点,扬长避短,实现司法鉴定机构的合理设置,避免浪费司法资源,促进司法鉴定行业的繁荣发展,方便、快捷、高效地服务于司法实践。

最后,对于司法鉴定管理主体而言,一方面,侦查机关应加强对其内设司法鉴定机构的管理;另一方面,司法行政部门应加强培养具备专业知识和经验的管理人员,制定完善的司法鉴定操作规范,推动鉴定标准的统一化(包括技术标准、鉴定方法标准、鉴定技术程序标准、鉴定意见标准等),规范司法鉴定收费制度,规范行政指导职权的运行。此外,应当实现不同管理主体之间协调,促进交流机制的健全,朝着管理与自律相结合的方向发展过渡,推动司法鉴定的统一管理;健全司法鉴定管理与使用衔接机制,比如促进司法鉴定管理主体与鉴定意见使用者间的沟通,以此来加强对司法鉴定活动的监督,推动鉴定活动质量的提升。

五、结语

司法鉴定人要深刻认识"一带一路"倡议的深远意义,认清司法鉴定在"一带一路"建设中的重要作用。司法鉴定行业组织应组织专人对"一带一路"共建国家和地区的司法鉴定体制、司法鉴定机构的设置情况及鉴定人的资质等情况进行了解和研究,为下一步与共建国家和地区在司法鉴定领域开展务实合作打下基础。司法鉴定体制的改革与完善将是一项长期而艰巨的任务。司法鉴定是法学与自然科学交叉的学科,门类复杂,具有专业性的特点,单独依靠外行的行政机关是很难完成监督管理工作的,政府的有限力量也很难做到全部覆盖。因此需要借助行业协会的力量,发挥其主观能动性与专业技术特长,实现自律管理,并且司法鉴定管理主体应立足于各自职能定位,共同规范司法鉴定执业活动,推动司法鉴定工作的健康发展。除此之外,还需要增进国际社会对我国司法鉴定体制的了解与认知,拓展区域交流与合作,提升我国在司法鉴定领域的话语权和影响力,全力为"一带一路"共建国家和地区提供优质的司法鉴定服务,协助解决区域内国家和地区的法律纠纷,保障附近区域安全稳定,充分发挥司法鉴定在打击各种犯罪活动中的作用。

"一带一路"建设中司法鉴定问题研究

——以网络犯罪中电子证据鉴定为例

樊金英*

一、问题的提出

随着"一带一路"倡议的推进,以及各国经济贸易往来和文化交流的深入,不免出现民事纠纷和刑事案件。而民事纠纷和刑事案件中必然涉及司法鉴定问题。因此对"一带一路"建设中司法鉴定问题研究是"未雨绸缪",也是更好地为"一带一路"建设中可能出现的司法鉴定问题尤其是跨国网络犯罪中的电子证据鉴定问题作出预设和防范。网络案件具有犯罪空间虚拟、涉案范围跨主权国家的刑事司法管辖区域、犯罪手段隐蔽的特点,在打击应对上存在发现难、调查取证难、刑事司法协作难等问题。而这些犯罪给我国造成的危害结果又非常严重,影响广泛[1]。对此,司法鉴定从业者必须要有所作为,为刑事案件侦查、证据固定贡献自己的力量。笔者认为,任何案件都逃脱不了"证据",而网络类刑事案件侦破关键就在于"电子证据"[2]。电子取证涉及电子证据的发现、固定、提取、检验鉴定及在后续刑事诉讼程序中的使用。司法鉴定人员主要参与检验鉴定工作。但问题在于,在"一带一路"共建国家鉴定制度不同的背景下,如何跨越制度不一、语言不同的障碍,做好鉴定工作?一方面,我们应正视刑事司法协作难的现状,司法鉴定人员需要刑事侦查人员

---

* 华东政法大学博士,司法鉴定科学研究院鉴定助理。

[1] 参见辛素:《"一带一路"电子取证刑事司法协作问题研究》,载《北京警察学院学报》2018年第6期。

[2] 本文所述电子证据是指广义的电子数据证据,其内涵是指由电子设备产生、存储或传输的具有证据价值的电子数据。

提取和固定证据,这就依赖于刑事侦查人员的努力,文章不再赘述;另一方面,"一带一路"建设中司法鉴定可能面临语言障碍和各国鉴定制度不同引起的证据承认问题,这些问题的解决亟须有针对性的解决措施。

二、"一带一路"建设中网络犯罪电子证据鉴定问题分析

(一)"一带一路"建设中网络犯罪的高发性

"一带一路"共建国家的民事纠纷遵循普通民事纠纷的特点,民事纠纷是指平等主体之间发生的,以民事权利义务为内容的社会纠纷。民事纠纷可分为两大类:一类是财产关系方面的民事纠纷,另一类是人身关系方面的民事纠纷。其救济机制有三种:自力救济、社会救济和公力救济[1]。根据定义我们可知,民事纠纷主体之间法律地位平等;客体是民事权利义务争议。民事纠纷具有可处分性的特点。无论哪种民事纠纷,其必然是由平等主体之间沟通交往引起的。然而从现状来看,"一带一路"建设初期,民事纠纷并不多见。但随着"一带一路"共建国家经济贸易往来的增多及各国交流等增加,民事纠纷将随之增加。

"一带一路"共建国家的刑事犯罪类型可以分为接触性犯罪和非接触性犯罪两种。接触性犯罪是指犯罪人通过实际接触(空间距离为零)进行的各种类型犯罪,如故意杀人罪、故意伤害罪、强奸罪等。非接触性犯罪是指犯罪人员无实际接触而进行的各类犯罪,典型的如电信诈骗、网络售枪等。

总体而言,"一带一路"建设中的民事纠纷案件、接触性犯罪案件和非接触性犯罪案件的发生比例并不相同。随着"一带一路"共建国家之间的经济贸易往来的发展,各国人员接触增多,接触性犯罪和民事纠纷案件的发生率会随之提高。在"一带一路"共建国家经济贸易往来的初期,非接触性犯罪在"一带一路"共建国家的案发率更高。

(二)"一带一路"建设中的网络犯罪不可避免地会留下电子证据

网络犯罪中以电信诈骗、网络恐怖主义、网络色情、网络贩毒等犯罪最为突出。

---

[1] 参见杜志淳:《法庭科学前沿问题》,载豆丁网2011年4月26日,https://www.docin.com/p-191099861.html。

但是这些新兴犯罪并不是独立于传统犯罪的全新犯罪类型,而是传统犯罪类型在网络信息时代的变形。21世纪为"互联网+"的时代,"互联网+"在各个领域结合其特点衍生出各种新类型。"互联网+"结合传统犯罪特点在犯罪领域延展为"互联网+网络犯罪",即传统犯罪由单一的"现实空间"衍生为"现实空间+网络空间",犯罪行为由单一平台转变为实际跨越网络空间和现实社会两个平台。"互联网+网络犯罪"既有互联网的广泛应用、无界、隐蔽的特性,又具有传统犯罪的特点。正因如此,网络犯罪明显区别于传统犯罪,网络犯罪具有打击难度增大、证据形态多样、隐蔽性增强、犯罪手段新颖等特点。网络犯罪离不开电脑、手机等电子设备,因而电子数据成为打击网络犯罪行为的关键证据。

2003年,有学者最早提出电子证据的类型包括3种:一是电子通信中的电子证据;二是封闭计算机系统中的电子证据;三是开放计算机系统中的电子证据,主要为因特网系统中的电子证据[1]。但是随着时代的发展和进步,上述三种类型进一步扩展。电子通信中的电子证据应扩展为电子设备中的电子证据,其中不仅包括电子通信,还包括现阶段的电子设备,如 iPad、Kindle 等电子设备。2011年,杜志淳教授就对数字证据、电子证据、科学证据、电子记录概念进行比较分析,指出一切以数字形式保存在计算机存储器和其他电子存储介质中、能够证明案件真实情况的数据或信息都能被称为电子证据[2]。2016年,樊崇义教授提出电子证据时代命题,认为人类社会的发展始终和生产力的发展水平密切相关,作为人类上层建筑之一的司法制度,其产生与发展也与生产力的发展密切相关。就司法证明方式而言,人类经历了神证证明、人证证明和物证证明三个时代,随着计算机网络以及信息技术的高速发展,电子证据时代呼之欲出[3]。这一说法的提出无疑证明了电子证据在网络时代的重要性。

电子证据与传统的人证、物证等证据类型相比,既具有证据的最基本属性即客

---

[1] 参见周丽萍:《浅析人民警察执法中存在的民事调解问题》,载《西部法学评论》2013年第3期。

[2] 参见张彩云:《网络犯罪中电子证据有关问题之探析》,载《当代法学》2003年第7期。

[3] 参见杜志淳、廖根为:《数字证据、电子证据、科学证据、电子记录概念比较分析》,载《中国司法鉴定》2011年第4期。

观性、关联性和合法性,又具有自身特有的属性。首先,电子证据具有高科技性,其产生和发展是基于计算机及网络技术的发展。如若没有高科技的发展,电子证据将沦落至"皮之不存,毛将焉附"的境地。电子证据的固定、检验、鉴定都需要科学技术的支撑,且在这个过程中均需要辅助工具。正是电子证据的高科技性,在其未经蓄意破坏、篡改和伪造时,电子证据能在犯罪嫌疑人不知情的情况下准确记录、反映的案件情况。其次,电子证据具有复合性。复合性是指电子证据的表现形式和载体的多样性。与传统证据相比,电子证据的载体可以是电脑、手机和计算机各种软硬件;其表现形式可以呈现为集文字、图像、音频和视频于一体的复合性信息。对比得知,传统证据的表现形式和载体的单一性显而易见。从证据学证明力的角度出发,根据证据与案件主要事实的证明关系,可将证据分为直接证据和间接证据。电子证据的复合性特点使得有些电子证据能够直接反映案件事实,进而结合口供等其他证据直接定案使用。再次,电子证据具有数字化特点。传统证据无须任何处理即能被读懂。然而电子证据的读取和鉴定必须转换为二进制机器语言。这也是在电子证据的鉴定中离不开计算机软件处理的原因。最后,电子证据具有脆弱性。电子证据载体的复合性和数字化特点决定了电子证据无形化和电子化产品的不稳定性,进而导致电子证据容易丢失和不完整,难以保证证据的原始性。除此之外,电子证据极易在不知情的情况下被篡改。计算机高手"黑客们"就是在人们不知情的情况下进行非法侵入、篡改、攻击,轻者导致数据丢失,重者导致系统瘫痪。计算机系统的非绝对安全状态、记录中的瑕疵以及记录被篡改的可能性并不绝对否决电子证据的真实性,但有可能会有损于其证明力。[1]

三、构建"一带一路"共建国家司法鉴定协作路径

(一)借鉴他山之石,破解司法鉴定跨境难题

正如前文中提到,电子证据取证的过程中会遇到跨境取证的难题。同样在其他证据的鉴定过程中,也会遇到法律适用、跨境取证问题,这都在一定程度上增加了

---

[1] 参见樊崇义、李思远:《论电子证据时代的到来》,载《苏州大学学报(哲学社会科学版)》2016年第2期。

"一带一路"建设中司法鉴定的难度。此外,鉴于各国大到诉讼制度,小到鉴定制度均有所区别,这些都会引起刑事诉讼鉴定和民事诉讼鉴定中鉴定意见的认可和适用问题,众多因素的出现无疑又使"一带一路"建设中司法鉴定难上加难。法律适用、跨境取证难题在于各国法律制度规定不一,不仅存在于"一带一路"建设中司法鉴定实践,还存在于其他跨国类合作中。有些国家认识到该问题的出现,并及时给予了立法上的保护。以跨国电子证据的取证为例,2001年11月,欧洲理事会《关于网络犯罪的公约》针对不同种类的电子证据对应规定了不同的刑事调查措施,如针对非法侵入他人计算机网络留下的痕迹等静态电子证据,在该公约第18条中规定了电子证据提交明令措施,该条共3款,分别规定了提交明令的内容、遵循的原则和相关术语的解释。[1]

(二)权衡沿线国家需求,实现合作共赢

传统的利益平衡理论已经不能满足"一带一路"建设中司法鉴定问题的解决,我们必须拓展思路,焕发新的生命力。也就是说,"一带一路"沿线各国无论是民事纠纷还是刑事犯罪,在涉及司法鉴定时,将从实现解决纠纷和侦破案件的共同目标与合作付出之间进行权衡。以司法鉴定中电子证据鉴定为例,电子证据取证和证据固定的有效展开,关键在于各个国家在刑事侦查权上的让渡。在民事诉讼中,不同司法体制下对其他国家的司法鉴定意见的采用及对别国司法鉴定机构的认可是各个国家司法权的让渡。因此,"一带一路"沿线各国为了更精准打击各种跨国类犯罪及有效解决双方经济贸易纠纷,均应秉持合作共赢、互利互惠的理念,权衡沿线国家利益与需求,建立沿线国家间的司法鉴定协作机制,商定关于司法鉴定国际协作的条件、程序与规则等内容。

(三)发挥大国作用,主导建立区域协助机制

党的十九大报告指出,今后我国将主动承担更多世界和平建设责任,以"一带一路"建设为重点,坚持引进来和走出去并重,为世界经济发展贡献中国力量,推动新

---

[1] 参见辛素:《"一带一路"电子取证刑事司法协作问题研究》,载《北京警察学院学报》2018年第6期。

型经济全球化。[1] 经济全球化的建设离不开一个国家政治、经济、文化的相互配合。对此,司法鉴定将为经济全球化提供司法保障和后盾。在司法鉴定区域协助机制构建上,我们应担负起大国责任,主动承担构建司法鉴定领域的协助机制任务。一是建立双边协作机制,在"一带一路"共建国家和地区之间,通过点对点地签订国与国之间司法鉴定的双边协议,能够有效解决司法鉴定制度不一的问题,大大提高双方国家在解决民事纠纷和打击网络犯罪方面的效率。二是积极搭建政府间执法合作平台。加强司法鉴定国际合作,针对经济贸易纠纷、跨国类型经济贸易纠纷,我国司法机关应当积极做好司法鉴定协助等相关工作,及时请求所在国的司法机关的支持和配合。

(四)顺应时代变化,培养交叉学科人才

跨国类网络犯罪严重影响了"一带一路"共建国家的贸易往来,而"一带一路"跨国类网络犯罪中证据收集的困难以及"一带一路"共建国家法律体系的不同、语言差异等问题加剧了"一带一路"建设中司法鉴定问题的现状。为解决上述问题,当务之急应该培养司法鉴定专业的交叉学科人才。交叉学科人才的培养应该选拔从事司法鉴定工作的青年学者或者实务工作者,由于这些人才有一定实践经验和科研基础,可以缩短人才培养周期,尽快使培养的人才用于"一带一路"建设中司法鉴定实践。另外,国内司法鉴定学者和实务工作者主要就"一带一路"共建国家的司法鉴定制度进行学习,其中不仅包括具体的司法鉴定制度,还包括相关法律制度、司法鉴定发展史等相关社会背景的学习,具体可赴共建国家进行实地交流。为满足"一带一路"倡议的推进和共建国家司法鉴定问题的研究,急迫需要培养司法鉴定交叉学科人才从事"一带一路"共建国家司法鉴定问题的研究。从长远需求来看,可以着重开展"一带一路"共建国家人才交换培养,以使更多"一带一路"共建国家的留学生来我国学习司法鉴定制度。

---

[1] 参见吴同、周丽:《论刑事诉讼中电子证据的鉴真》,载《山东警察学院学报》2014年第1期。

从司法鉴定本质回归看刑事司法鉴定启动

邹积超*　袁雪娣**

司法鉴定启动不是司法鉴定制度的一个新鲜话题。实际上,司法鉴定启动实为司法鉴定的关键程序——谁有权最终决定鉴定程序启动及决定由谁进行鉴定是司法鉴定中一个非常重要的问题,它直接决定着一国鉴定程序的特征,[1]不能不引起我们的重视。

一、讨论的发端

我国有关法律对刑事司法鉴定启动的规定是比较明确的,概括而言就是司法鉴定的启动权为司法机关(广义)垄断,并且其最大特点在于,公安机关、检察机关和法院三机关在各自的诉讼活动中可以独立地决定司法鉴定的事项。[2] 侦查程序中,为了查明案情,需要解决案件中某些专门性问题的时候,应当指派、聘请有专门知识的人进行鉴定;法院在审理过程中,为调查核实证据可以进行鉴定;而当事人和辩护人不享有鉴定请求权,仅享有补充鉴定或重新鉴定请求权。一些学者指出这种鉴定启动制度存在诸多弊端,"侦控机关权力过大,控辩力量明显失衡;辩方程序参与权利太小,有损程序公正;重复鉴定,降低诉讼效率"。[3] 但"这一点是与中国实行的这种'流水作业式'的诉讼构造密切相关"。[4]

---

*　中国浦东干部学院干部,法学博士。
**　上海市黄浦区人民检察院检察官。
〔1〕 参见樊崇义等:《证据学论坛》(第2卷),中国检察出版社2001年版,第196页。
〔2〕 参见陈瑞华:《刑事诉讼的前沿问题》,中国人民大学出版社2000年版,第550页。
〔3〕 樊崇义等:《证据学论坛》(第2卷),中国检察出版社2001年版,第199页。
〔4〕 陈瑞华:《刑事诉讼的前沿问题》,中国人民大学出版社2000年版,第551页。

这种鉴定启动的设置模式，在《中华人民共和国刑事诉讼法》（以下简称《刑事诉讼法》）的多次修改中并没有出现实质性的变化。关于刑事诉讼的司法鉴定启动，令人印象深刻的是《刑事诉讼法》修改前两个案例，即2003年黄某被害案和2006年邱某华杀人、抢劫案。黄某被害案的死亡原因经过两年6次司法鉴定，最终得出"被鉴定人黄某在潜在病理改变的基础下，因姜某武采用较特殊方式进行的性活动促发死亡"的模棱两可的鉴定意见，被害人家属对司法机关强烈不满。2006年，邱某华煎炒被害人脏器的情节令人发指，但同样引出该案一个关键性的问题——邱某华的精神病鉴定。该案二审时，邱某华的妻子及辩护律师向法院申请精神病鉴定，很多学者、医生也向法院倡议进行精神病鉴定，然而二审法院最终未采纳辩护律师的主张，未启动精神病鉴定。于是有学者对我国这种司法鉴定现行机制提出了质疑，认为"将是否进行鉴定的决定权绝对地赋予检察官、法官，是一种极其危险的机制"[1]。

实际上，上述两个案例是司法鉴定启动所反映的问题的两个极端。"黄某案"在于司法鉴定启动过滥，司法鉴定因为被套上"证据之王"的冠冕而被人们频繁启动，以致重复鉴定不断发生，鉴定意见冲突多有存在。而"邱某华案"则体现了司法鉴定启动的失衡性，司法机关垄断司法鉴定启动为越来越多的人所诟病，有学者指出："二审法院如果不作鉴定，公众就无法信服。抛开公众舆论，从人权的角度来说，一个社会如果连精神病人都要判处死刑就太不人道了。"[2]当然，在实践中，也会存在一些案件由于案情复杂或者影响重大，会有司法机关主动征询当事人或亲属意见进行司法鉴定的情况，比如"雷某案"等，但启动者仍然是司法机关。实际上，我国司法鉴定领域内存在的诸多问题，比如重复鉴定、鉴定意见冲突等，其根源常常在于司法鉴定启动机制的不合理。

从更为深刻的意义来说，我国刑事司法鉴定的启动模式并不是一个独立设置结果，而是通盘考虑诉讼效率的结果。比如，在侦查阶段利用刑事科学技术进行鉴定

---

[1] 杨继斌:《邱某华案牵动精神病司法鉴定制度》，载《新京报》2006年12月15日，第A24版。
[2] 辛祖国、王相平:《从邱某华杀人案谈我国刑事鉴定启动权制度》，载《北京人民警察学院学报》2007年第2期。

的主要目的之一是查找犯罪嫌疑人,如果允许当事人或者其他诉讼参与人启动鉴定程序则会泄露侦查秘密、破坏证据,进而妨碍侦查。[1] 如果将这种思维演绎下去就会发现,这种启动模式的选择并非着重考虑司法鉴定本身是否合理,而是强调它是否能为整个诉讼顺利进行提供动力。这种选择也许包含一定的功利主义色彩,有其合理性,但问题还是在于价值的权衡和取舍,认识到这一点对于我们深化认识司法鉴定启动机制是有益的。但深层次的问题是,这种价值选择或者忽视司法鉴定本质是否合理,这便是讨论的发端。

二、刑事司法鉴定启动模式的考察

关于刑事司法鉴定启动模式的比较讨论众多,概言之,主要有以下两种模式:一是英美法系国家采用当事人主义鉴定启动模式,一般由当事人掌握鉴定启动权。二是大陆法系国家采用职权主义鉴定启动模式,一般由法官依职权决定鉴定。当然,这种区分是带有法系归类特点的。在司法实践中,模式之间的区分在一定情况下也比较模糊。

不少学者对这两种模式作了比较研究,并分析了利弊,还指出两大模式不断发生融合,试图从两者的平衡中寻找司法鉴定启动的应有模式。笔者并不打算就利弊问题再作赘述,而是打算另辟蹊径,讨论为什么出现两种不同的启动模式。首先,两大启动模式与两大法系不同的诉讼模式相关——英美法系的当事人主义诉讼模式强调当事人对抗性,司法鉴定的启动自然一般由当事人决定;而大陆法系职权主义诉讼模式强调法官的职权,故一般由法官决定司法鉴定的启动。但将之延伸,我们可以发现实际上两大法系对待"司法鉴定"或"专家证言"的态度决定了它们对司法鉴定启动模式的选择。在英美法系中,实际上并不存在"鉴定意见"这一概念,而仅有"专家证言"这一证据形态,故由当事人启动鉴定程序是有一定道理的,因为这实际上是一种当事人举证行为。而在大陆法系,鉴定人是法官的助手(Gehilfe)和第二

---

[1] 参见刘道前、周莉:《刑事诉讼中司法鉴定启动程序之规范化探讨》,载《中国司法鉴定》2019年第1期。

大脑(Erweiteres Gehirn),[1]即意味着其承担的是辅助审判的义务,而不是举证,故由法官决定是否需要鉴定人的"辅助"。所以,对于两种鉴定启动模式而言,利弊分析并不重要,因为两者已经渗入了两大法系的诉讼模式特点和对待"鉴定"的基本认识。

两大法系启动模式的不断融合正好说明了这一点,目前,英美法系国家的鉴定启动制度正以当事人主义与职权干预相结合的模式运作,大陆法系国家的鉴定启动制度正以职权主义与当事人意愿相结合的模式运作。[2] 有学者指出意大利的技术顾问制度在保证法官决定鉴定启动的同时,又赋予公诉人和当事人任命自己的技术顾问,参与鉴定并提供意见的权利,[3]做到了兼顾平衡,成为不少人眼中的典范。但笔者认为,这种融合并不是司法鉴定启动模式选择的趋势,反而从另一个方面说明,司法鉴定启动作为诉讼中的一环始终受制于该国的诉讼模式以及该国对"司法鉴定"这一概念的理解。融合不过是针对自身制度的一种修正,却不能改变基本认识和诉讼环境。在研究这个问题的时候,仅从两者的利弊分析入手并不一定能反映问题的本质,因为这些表面的利弊背后,还有太多证据法甚至诉讼法的配套实施的制度。[4]

抛开诉讼制度的约束,司法鉴定本身也有其自身的要求。抛开这种本质规律去奢谈模式选择,最终只能陷入"不断修正"的泥潭。司法鉴定的根本目的在于查明案件事实,我们选择启动模式的根本目的在于保证鉴定意见的客观公正。因此,对模式的选择不应在众多国家的启动模式中权衡利弊,挑选一个,而应根据本国诉讼制度和对司法鉴定的理解进行设计,并且这种设计最好不要陷入"应该归于哪个法系"的程式之中。因此,了解一国的诉讼制度特点和价值追求,理解"司法鉴定"在一国的内涵以及"司法鉴定"在一国诉讼证据体系中的位置,乃是确立司法鉴定启

---

〔1〕 参见何家弘主编:《外国证据法》,法律出版社 2003 年版,第 415 页。

〔2〕 参见包建明:《司法鉴定启动程序比较研究》,载《中国司法鉴定》2003 年第 1 期。

〔3〕 参见李学军、张桂勇、罗国良:《中国鉴定制度的问题与出路》,载何家弘主编:《证据学论坛》第 9 卷,中国检察出版社 2005 年版。

〔4〕 参见余树东、邵山:《关于鉴定制度改革的思考》,载何家弘主编:《证据学论坛》第 4 卷,中国检察出版社 2002 年版。

动制度的关键。

三、回归司法鉴定本质的思考

如前所述,对司法鉴定启动的选择首先要理解司法鉴定的本质。而关于"司法鉴定"概念的描述很多,基本大同小异。笔者在这里采用一个相对简洁的概念:司法鉴定是司法活动中,对于案件中的专门性问题,按照诉讼法的规定,由司法鉴定人作出判断结论的科学实证活动。[1] 这个概念将司法鉴定的法律性和科学性的基本特征基本表现了出来,但这个概念又向我们传递出这样一个信息,即司法鉴定是科学的实证活动,而非司法活动。鉴定是特殊的科学活动,它有科学的性质,又有法律的性质,它是法律和科学的结合,是一种"法科学活动",是一种运用科学知识和特殊经验的证明活动。把鉴定工作看作司法工作,或者认为鉴定是司法权的表现,都是对鉴定性质的误解。[2] 司法鉴定本身是一种司法证明方法,或者说司法鉴定是一种司法证明工具。审判官可以将司法鉴定作为"发现真相、实现正义"的工具,当事人也可以将其作为"维护权利、对抗诉求"的手段。但将司法鉴定融入诉讼活动中看,司法鉴定是一项收集证据的活动,英美法系国家的鉴定被视为与证人作证完全等同的诉讼活动,大陆法系国家的鉴定活动虽然带有更多的职权色彩,但鉴定作为当事人举证方式的性质并没有改变。[3] 司法鉴定是作为权力范畴还是权利范畴,往往取决于各国诉讼制度的特点。因此,就司法鉴定启动而言,其更应成为承担举证责任的一方的责任,并与司法权保持必要的距离。就这一点而言,司法鉴定的启动不宜为司法机关所垄断。

再进一步探讨,何为司法鉴定启动?概言之,司法鉴定启动包括提出鉴定事项、决定是否进行鉴定、选任进行鉴定的鉴定人和司法鉴定机构等。从程序正义的角度

---

[1] 参见邹明理:《司法鉴定若干问题认识误区的辨析》,载何家弘主编:《证据学论坛》(第7卷),中国检察出版社2004年版。

[2] 参见包建明:《"司法鉴定"杂谈》,载何家弘主编:《证据学论坛》(第4卷),中国检察出版社2002年版。

[3] 参见陈桂明、刘由玉:《司法鉴定的性质与鉴定人司法责任》,载何家弘主编:《证据学论坛》(第4卷),中国检察出版社2002年版。

看，谁有权提出鉴定，谁有权决定进行鉴定及由谁进行鉴定是鉴定中非常重要的问题，它直接决定了一国鉴定程序的特征。[1] 按照司法鉴定的特征，司法鉴定的启动应该由承担举证责任的一方决定，然而司法鉴定的启动只是司法鉴定制度中一个起始的环节，鉴定启动的意义在于甄别鉴定事项，将与案件审理有关的专门性问题引入司法鉴定并得到澄清。从这个意义来说，司法鉴定活动的启动不仅是一项举证活动，其结果必将延伸入诉讼，其中包含司法鉴定实施过程必要的监督、鉴定意见的质证、鉴定意见的采信等诸多环节，这使司法鉴定的结果与诉讼又有必然的联系，并受制于司法权。

司法鉴定的目的是解决与案件事实有关之专门性问题。那么何为与案件有关的专门性问题？此显非当事人能完全把握，故应将此引入司法权评判，而不能交由当事人任意而为。因此司法鉴定的启动必然受制于司法权，这一点也是十分必要的。而司法权行使者为司法机关，其重要代表即法院或法官，故司法机关抑或法官对司法鉴定的启动也应当施加必要的影响。

从上述的分析中我们可以看到，司法鉴定就其本质而言是一项与诉讼密切相关的收集、判明证据的活动，其本身并不具有典型的司法属性，但因解决事项与诉讼密切相关且其形成的鉴定意见需要进入诉讼流程，而与司法活动发生密切联系。故笔者认为，司法鉴定启动贯彻当事人主义最合司法鉴定之本质属性，而司法职权仅能对司法鉴定滥用进行法律范围内的必要节制——这一点是本质属性对司法实践的有益妥协。但笔者认为，在既定的诉讼模式下探讨司法鉴定启动不能脱离人们对诉讼模式的惯性依赖。实际上，无论是英美法系的当事人主义启动模式还是大陆法系的职权主义启动模式，都不能百分之百完美地解决司法鉴定启动的价值权衡问题。因此，我们选择模式时不妨在保证基本不偏离司法鉴定本质的基础上，以保证鉴定意见客观公正和保障诉讼权利为基本目标，在现有模式中作恰当的调整即可。

---

[1] 参见胡迎梅：《鉴定启动制度比较研究——从刑事诉讼视野来看》，载《刑事技术》2006年第1期。

四、刑事司法鉴定启动"本质回归"的基本要求

我国刑事司法鉴定启动最大弊端是鉴定启动偏离司法鉴定之举证本质,造成鉴定失衡;并且司法节制过于随意。对此宜按照诉讼的基本规律进行有针对性的改造。

(一)当事人享有启动权

正如前文所述,按照司法鉴定本质要求,当事人为启动司法鉴定的最合适人选。在刑事诉讼中,这可以包括侦控机关、被害人、犯罪嫌疑人或被告人。控方承担举证责任,有责任收集证据证明犯罪,故侦查机关、检察机关有启动司法鉴定的权力不必多言。对于犯罪嫌疑人或被告人而言,其虽不承担举证责任,但应享有充分辩护权,拥有收集证据证明自己无罪或者罪轻的权利,司法鉴定的启动权应该包含在辩护权之中。而对于被害人而言,自诉案件自不必说,对于一般公诉案件,被害人权益与诉讼结果密切相关,且其亦有为侦控机关提供证据和配合调查的权利义务,司法鉴定启动权是其有效配合调查及保护自身权益的当然武器。

我国的诉讼模式全面对抗特点越来越明显,而按照我国现有的司法机关垄断司法鉴定启动的模式,当事人特别是犯罪嫌疑人或者被告人几乎丧失主动启动司法鉴定的可能,其辩护权势必受到限制,所谓对抗式的诉讼模式亦将名不符实。而且按照现有《刑事诉讼法》的规定,我国在启动司法鉴定的司法审查方面一片空白,侦检机关可以自主启动而不受法院节制;当事人却在审判阶段连申请权都没有,仅能申请补充鉴定或重新鉴定,而这种申请还要常常由侦查机关审批,其效果可想而知。因此,在缺少司法权(狭义)制约的情况下,赋予当事人一定的司法鉴定启动权是保障当事人权利的必要手段。

(二)司法机关的有限节制

如前文所述,司法鉴定启动应该受到一定程度的司法节制。对于案件中哪些是需要解决的专门性问题,不同人有不同想法,但一旦启动司法鉴定,则鉴定意见势必会影响到诉讼的效率和结果。在这种情况下,鉴定启动权的滥用必须得到预防和纠正,故司法权的节制实属必要。但这种节制不是为了否定当事人的启动权,而是保

障司法鉴定朝着有利于诉讼顺利进行的方向发展。在我国大的诉讼环境中，司法鉴定不可能完全脱离诉讼模式的影响。在我国，发现案件客观事实仍然是诉讼的主要目的，特别是在审判阶段，法官即便面对控辩双方提供的证据，仍然会积极寻求客观事实，这就有必要为司法权发现事实提供可能。故有学者认为："至于法院在审判过程中自身或者指定其他机构进行的鉴定，则属于法官的认证活动，因而是司法裁判行为。"[1]因此，从这个角度来看，法院应当享有一定的司法鉴定的启动权。

同时，司法鉴定的启动程序不仅意味着对哪些事项进行司法鉴定，也意味着由谁进行司法鉴定。根据全国人大常委会《关于司法鉴定管理问题的决定》的规定，除侦查机关可以保留不得面向社会服务的司法鉴定机构外，司法鉴定一般由社会上的司法鉴定机构承担，法院作为中立的司法机关亦不得设立司法鉴定机构。那么，如果赋权当事人在刑事诉讼中可以自行委托鉴定，则极有可能造成权利被滥用的局面。当事人出于自身诉讼利益的考虑，往往不是为了澄清争执事项去找最佳的鉴定人，而是为他的案件找最佳的证人。[2] 社会上的鉴定机关良莠不齐，当事人可能会为了获得有利于自己的鉴定意见而不断重复鉴定，这势必影响诉讼的顺利进行。这同样需要由司法权对这种倾向进行预防和纠正，特别是在审判阶段，应该按照既定的诉讼规则，服从中立机关——法院的决定，这对于控辩双方而言应该是平等对待的。当然，司法权的节制应该是有限的，不能违背司法鉴定的本质属性，也不能违背鉴定中立原则，而应以保证司法鉴定客观公正为原则。

（三）当事人有救济权

有权利，必有救济；有节制，亦必有平衡措施。在国家机关工作人员存在不适当行为致使当事人权利有遭受侵害之虞时，应当给被害人权利以必要的救济。司法机关对当事人司法鉴定启动权的节制，在某种程度上限制了当事人收集证据的权利；虽然一般而言，法院作为中立审判机关，其所作节制鉴定启动权的决定在理论上应该是公正的，但仍不排除损害当事人权利之可能。因此，有必要赋予当事人救济的

---

[1] 陈桂明、刘由玉：《司法鉴定的性质与鉴定人司法责任》，载何家弘主编：《证据学论坛》（第4卷），中国检察出版社2002年版。

[2] 参见郭薇：《如何完善我国司法鉴定启动权的分配》，载《南民族大学学报》2003年第12期。

权利,以复核或者上诉的形式方便其救济权的行使。这一点在很多国家的法律制度中都有规定。

当然,当事人的救济权不仅包括所谓申请复议或者上诉的权利,还应该包括更为广泛的内容,这种权利当然已经不仅仅是司法鉴定初次启动意义上的,它蕴含于当事人,特别是犯罪嫌疑人或被告人的辩护权之正当保护之中。这主要包含两个方面的内容:一是救济预防权,当事人可以在侵害发生之前作出必要的预防,如申请鉴定人回避的权利;二是救济预备权,当事人可以为启动救济权进行必要的准备,如了解初次鉴定意见的权利等。

(四)法律的有效规制

当事人虽然有救济的权利,但可以肯定的是,在司法机关节制的情况下,最终的决定权常常在司法机关特别是法院手中。然而,由于各种客观原因,法院的这种决定权常常以法官的自由裁量权的形态实施,而自由裁量公正与否则与法官的个人素质、学识、经验等密切相关,从而难以确保司法鉴定启动的公正性。"邱某华案"之所以产生如此大的争议,关键在于当事人家属以及部分民众的理解与法院特别是办案法官的理解产生了分歧。在一些人眼里,邱某华"连杀十人,煎烹脏器,捕后写书",这些特征不是一个正常人的举动;而法官则认为邱某华举止正常,精神上没有问题。但实际上无论是前者还是后者,都是拿不出确切的证据的。既然没有证据,则难免成为"值得怀疑的问题",将邱某华在这种情况下"正法",自然难以服众。

如何协调当事人、民众与司法机关特别是法官之间的这种分歧?较为妥当的方法是对当事人启动权和司法机关的节制权进行必要的规制,当然不可能再去设立一个机关进行规制——此时最恰当的规制主体应该是法律。笔者认为,当事人的鉴定启动权和司法机关的节制权都有滥用和误用的危险,在危险较大、救济权无效的情况下,法律应该提供额外的保护,设定"必须鉴定"和"不得鉴定"的情况,以法律的理性来调整分歧,并将分歧的危险引向最小化。

五、刑事司法鉴定启动机制的完善

对我国现行司法鉴定启动机制进行改造是必要的,但改造必须符合规律,特别是要符合司法鉴定本身特征。应以我国现有体制机制为平台,在结合我国现有诉讼制度的基础上,加强辩方的诉讼权利和实体权利的保护,促进控辩双方力量的平衡,维护司法机关的鉴定节制权,实现程序正义和实体正义的平衡,实为我国司法鉴定启动制度改革的根本。结合上文司法鉴定启动诉讼化的基本要求,可以在以下六个方面合理改造我国司法鉴定启动机制。

1. 公诉案件在侦查、起诉阶段,侦查、检察机关可以对与案件有关的专门性问题自行指派或委托鉴定,此时侦查、检察机关应将鉴定事项通知犯罪嫌疑人和被害人,并在鉴定人名册中共同协商选择适当的司法鉴定机构和鉴定人。当事人对鉴定意见有异议的,可以提出理由并要求补充鉴定或重新鉴定。犯罪嫌疑人和被害人认为需要进行司法鉴定的,可以向侦查、检察机关提出申请,侦查、检察机关同意后,可以共同在鉴定人名册中协商选择适当的司法鉴定机构和鉴定人;如被拒绝,可以向上一级检察机关提出复核。同时,如果当事人申请遭拒绝且无力自行委托鉴定的,可以向检察机关申请证据保全,以保全鉴材。自诉案件可以参照执行。

2. 侦查、检察机关自行指派或委托鉴定时,应赋予被害人、犯罪嫌疑人一定权利。这些权利应当包括了解鉴定启动决定的权利、申请鉴定人回避的权利、申请证据保全的权利、申请吸收其他有专门知识的人参加鉴定的权利、申请向鉴定人提问的权利等。

3. 审判阶段,法院有权在充分告知控辩双方的情况下主动委托鉴定,并向鉴定人提出问题,这主要是基于查明事实真相的需要。控辩双方也可以在此阶段提出司法鉴定的申请,法院经评价后,原则上只要辩方所申请的鉴定不属于不易鉴定或不能鉴定,而且申请鉴定的内容对判决结果有重要影响,尤其是涉及定罪的,法院一般应当允许,但应由法院指定社会中立的司法鉴定机构进行鉴定。如控辩双方对同一事项提出鉴定申请,法院应协调确定鉴定具体事项,并由法院指定社会中立的司法鉴定机构进行鉴定。对于法院驳回鉴定申请的或者对法院指定司法鉴定机构有异议的,可以向法院提请复议,复议后仍有异议的,可以向上一级法院提请复核。

4. 重复鉴定必须得到有效规制,法律可以规定在审判阶段,唯有法院依申请或者依职权可以启动一次重复鉴定。在审理过程中,法院对案件证据进行审查、核实时发现鉴定意见之间有矛盾,或鉴定意见与本案的其他证据有矛盾无法合理排除,且该待证事实所涉及的问题对整个案件事实的认定将产生重大影响的,以及鉴定中出现可能影响鉴定意见公正性的违法问题的,法院具有依职权启动再次鉴定的权力。对于重复鉴定仍不能查明案件情况的,依据证明责任规则,作出有利于被告人的判决。因为当人们没有足够的智慧,不能在科学上最终解决专门性难题并达到预期目的时,最明智的办法就是对解决问题的过程进行价值选择。[1]

5. 建议规定以下几种情况应当强制进行司法鉴定:(1)为了判明死亡的原因和身份伤害的性质。(2)对犯罪嫌疑人、被告人在进行诉讼时是否具有责任能力或者能否具有辨认自己行为和加以控制的能力而产生疑问时,为了判明其精神状态。(3)对证人或者被害人是否具有正确理解对案件具有意义的情况的能力,以及对这种情况作正确陈述的能力产生疑问时,为了判明其精神状态或者生理状态。(4)年龄对案件具有意义而缺乏有效文件时,为了判明犯罪嫌疑人、被告人和被害人的年龄。(5)涉及重大公共利益的事项。其中"产生疑问"应当执行最低标准,即只要使人们相信被怀疑的事项更有可能发生,或者说该怀疑比其他推测更可信。当被怀疑的事项更可能发生时就应当进行司法鉴定。

6. 在审判阶段,法律应当规定不得启动鉴定之事项。鉴定是为诉讼服务的,如果司法鉴定启动的目的偏离诉讼目的,则应在法律层面予以禁止,以防止鉴定资源和司法资源的浪费。对于与案件审理无关之事实,无鉴定可能或者鉴定极为不易之事实,以及其他证据可以证明之事实不得启动鉴定。重复鉴定以一次为限,如果前次重复鉴定不存在违法违规鉴定情况,不得启动第二次重复鉴定程序。

---

[1] 参见锁正杰:《刑事程序的法哲学原理》,中国人民公安大学出版社2002年版,第107页。

司法鉴定机构和鉴定人能力建设的思考与探索

邓协和*

司法部《司法鉴定程序通则》给出了司法鉴定的明确定义,即司法鉴定是指在诉讼活动中鉴定人运用科学技术或者专门知识对诉讼涉及的专门性问题进行鉴别和判断并提供鉴定意见的活动。

鉴定人即司法鉴定人,是"运用科学技术或者专门知识对诉讼涉及的专门性问题进行鉴别和判断并提供鉴定意见的活动"的具体实施人和直接责任者;司法鉴定机构对所归属的司法鉴定人的司法鉴定执业活动负有组织、管理、监督、指导的职责。因此,司法鉴定机构和司法鉴定人是司法鉴定意见的共同提供者,同为司法鉴定的责任主体。司法鉴定机构和司法鉴定人的鉴定能力建设对提高司法鉴定质量有着直接的重大的影响。

显然,鉴定能力是指司法鉴定机构和鉴定人正确运用科学技术和专门知识对诉讼所涉及的专门性问题进行科学鉴别和判断并能正确提出鉴定意见的能力。本文以司法鉴定机构和鉴定人的能力建设为中心,以鉴定活动中出现的某些问题为导向,围绕与能力建设有关的要素,诸如机构改革、补好短板、创新实践、信息化建设以及高层管理者潜心履职、提升职业素养、重视高技能人才、弘扬科学精神等进行思考与探索,希望对推动司法鉴定机构和鉴定人的能力建设,提高司法鉴定的质量和公信力有所裨益。

---

* 上海市质量监督检验技术研究院高级工程师。

一、加强司法鉴定机构的改革和能力建设是司法鉴定能力和鉴定质量提升的重要基石

(一)整合集约、兼并重组、强强联合,坚持司法鉴定机构的改革,做大做强

全国经司法行政机关登记管理的司法鉴定机构中,规模较小的机构还是有一定比例的。这些小规模的机构鉴定类别比较单一,其资源及管理制度通常都不够厚重,缺乏综合实力。从整体上看,这一状况对于提升司法鉴定能力是不利的。司法鉴定机构小而散、小而弱、布局不够合理等状况早已引起司法行政部门的重视,经改革整顿,已有改善。各省市司法行政部门也结合本地区的情况,积极推进改革,做大做强,产生了一系列值得学习和借鉴的改革经验。例如,浙江省司法厅通过六大举措,调整机构布局与结构,提升机构的集约化、规模化、专业化水平,取得了良好的效果。

这六大举措是:(1)依托高等院校实现发展;(2)通过自身转型提升规模;(3)引导社会优质资源进入司法鉴定行业;(4)省内中等规模机构合并重组;(5)大型机构兼并小型机构;(6)与国内高端司法鉴定机构合作共建司法鉴定机构。

我国检验检测机构在机构整合重组,集约化规模化方面已有成功的实践。检验检测机构在国家层面,往往都有相应的国家检测中心,一般规模较大,专业化程度较高,竞争力较强,而省、市(直辖市)级的检验检测机构则在很大程度上存在规模小、技术能力差、仪器设备配置水平低、质量管理运行薄弱、发展不平衡、重复设置等弊端。经政府的积极引导和扶持,大多省市司法行政部门都整合组建了省市级的产品质量检验检测技术研究院等规模化、集约化的具有竞争力的强大机构。机构的布局得到合理的改善,其竞争能力、行动能力、影响力、辐射力显著提升。

司法鉴定是极其严肃的技术活动,为诉讼提供了科学的技术保障。因此,司法鉴定机构不应遍地开花,无序发展,而应对总量适度控制,对全局统筹规划布局,对司法鉴定机构改革整合为不同层次的具有竞争力的强大机构给予重点关注。

(二)重视司法鉴定机构的资源要素驱动,加强司法鉴定机构的实体建设

司法鉴定机构应是能独立承担法律责任的实体,这意味着其必须拥有足够的鉴

定资源,那些缺失鉴定资源具有中介组织属性的机构(无论其称谓是司法鉴定所、司法鉴定中心,还是司法鉴定有限公司)是不宜被纳入司法鉴定机构序列的。

鉴定资源主要是指司法鉴定机构开展司法鉴定活动所必需的人员、设施、设备、信息、系统和服务支持等。其中设备是最为重要的鉴定资源之一,它主要是指正确开展司法鉴定活动所必需的并能影响结果的设备,包括(但不限于):测量仪器、检测设备、软件、测量标准、标准物质、参考数据、试剂、消耗品或辅助装置等。

"充实鉴定资源,不做无米之炊。"这对于司法鉴定机构的实体建设、能力建设和能力提升均具有基础性和关键性的作用。充实鉴定资源,更新、增添仪器设备,提升设备能级,需要有资金投入。仪器设备尤其是高端的仪器设备,一般价格不菲。有相当一部分的司法鉴定机构缺乏资金积累,无力投入,鉴定资源得不到充实,缺乏后劲。同时,某些司法鉴定机构盲目采购,造成仪器设备闲置和资金浪费。因此,司法鉴定机构对资金的使用和资源的充实应作出周密的计划,对仪器设备的采购应加强市场调查和审核把关,把有限的资金用在刀刃上,从而使仪器设备在司法鉴定活动中能发挥出其应有的效用。司法鉴定机构亦应加强自身基础建设,强化"造血"能力,积极开拓市场,做好热忱服务,树立良好信誉,在取得较好社会效益的同时取得较好的经济效益,不断充实机构自身的资金积累。

(三)补齐短板,夯实基础,勇于创新实践,有效提升司法鉴定机构的竞争能力

一个司法鉴定机构总会存有某些短板,这些短板无疑对提升司法鉴定能力构成了障碍。因此,以补短板为抓手,夯实基础,勇于创新实践,应是提升司法鉴定能力的有效途径之一。

寻找司法鉴定机构自身的短板可从以下三个方面线索入手:

(1)与有关能力认可准则[例如,《司法鉴定/法庭科学机构能力认可准则》(CNAS-CL08)]的要求相对照,认真查找短板,即本司法鉴定机构司法鉴定能力方面的薄弱环节。

(2)与行业内具有竞争力的司法鉴定机构相比对,找出差距。

(3)与司法鉴定市场的需求相比较,仔细查看存有哪些不相适应之处。对于市场需求,不仅要识别当前的需求,还要关注今后一定时期的司法鉴定市场需求。

当前,存在的普遍性的短板是司法鉴定机构的创新能力不足。迫于经济压力,忙于日常事务,无暇顾及创新,已成为相当一部分司法鉴定机构的常态。

没有创新,就没有竞争力,就没有未来。司法鉴定机构应将创新能力建设列入议程,明确目标,认真规划。要树立创新理念,营造创新氛围,建立创新制度,落实创新经费,培育创新人才,增强创新动力,勇于创新实践。

在司法鉴定机构加强自身建设,提升创新能力的同时,希望政府能给予积极的引导和扶持,例如:(1)加强司法鉴定机构创新意义、创新理念的宣传教育;(2)搭建相应的司法鉴定创新园区,创新工作平台,建立某些创新工作室;(3)强化司法鉴定创新激励奖励政策;(4)在司法鉴定创新领域加强经验交流,树立典型,表扬先进,进一步发挥领跑司法鉴定机构、标杆司法鉴定人物的表率、示范和引领效应。

(四)依托现代科学技术,加强司法鉴定机构的信息化建设

进入数字化、智能化时代,信息的重要性不言而喻,各类信息以及信息的快速传输已成为当今司法鉴定的有力武器。信息以文字、图形、图片、影像、声光、数字、数据、程序等多种媒介形式展现,司法鉴定机构在面临信息大量涌现的情况下,不得不日益重视司法鉴定所需的技术积累、经验积累、知识积累、资料积累。信息的电子化数字化使传统的档案管理模式黯然失色,不能适应。而部分司法鉴定机构管理滞后与脱节,上述信息多散见于各个部门、各个成员,未能高度集中、有效调用,甚至导致信息失去时效、散失丢失,极易对司法鉴定活动产生负面影响。

因此,司法鉴定机构有必要根据新的形势,结合新的需要,及时构建相应的组织机构和适用的管理制度,充实相应的技术人员和管理人员,尽快建立相应的数据库、专家库以及专业智库;依托现代科学技术,加强信息化建设,不断提升与强化信息化管理,进而以此为突破口,构建适应司法鉴定需要的、以提供高质量的司法鉴定为目标的现代管理制度和管理体系。

二、提高司法鉴定人的职业素养和司法鉴定能力是司法鉴定能力建设的重要保障

(一)确保司法鉴定机构的负责人和最高管理层成员到岗履职

司法鉴定机构的负责人(无论其称谓是所长、主任,还是总经理、总裁、董事长)

和最高管理层(副职负责人、技术负责人、质量负责人等)是司法鉴定机构的领导层和决策层。负责人是司法鉴定机构的第一责任人,应到位到岗、潜心履职,不可仅挂名而不履职。最高管理层的成员应德才兼备,择优选拔,优化组合,切勿论资排辈,唯学历唯资历,也不可太过平庸,不堪重任。

司法鉴定机构的负责人和最高管理层成员应该有志向、有抱负、有事业心、有使命感,同时也应有远见、有才智、有规划决策能力,能较好确立司法鉴定机构的发展目标和社会定位,能对司法鉴定机构的发展壮大和可持续发展作出合理的规划。

对于司法鉴定机构的负责人和最高管理层成员的选用,上级部门的意向、合伙人的出资比例、员工的民意等因素应得到综合考虑,合理平衡,员工的话语权、表决权等似乎还应加大权重,由此产生的司法鉴定机构的负责人和最高管理层才会较有凝聚力、号召力、影响力和领导力,这对司法鉴定能力建设至关重要。

政府行政主管部门可对司法鉴定机构的负责人和最高管理层有更多的帮扶和促进,例如,多举办一些轮训班、理论学习班、专题培训班等,加强教育培训,提高司法鉴定机构负责人和最高管理层人员的理论水平和政策水平,扩大其视野,增长其才干,使其更好地率领司法鉴定机构持续发展,走向高端。

(二)加强司法鉴定人的职业素养和鉴定能力建设

司法鉴定实行鉴定人负责制度。司法鉴定人应当依法独立、客观、公正地进行鉴定,并对自己作出的鉴定意见负责。

司法鉴定人的职业素养主要是指司法鉴定人进行司法鉴定活动,应当遵守法律、法规、规章,遵守职业道德和执业纪律,这一要求是方向性的,是具有决定意义的,不然,司法鉴定活动就会丧失底线,步入歧途。鉴于此,有关法规、规章等明确规定,司法鉴定机构和司法鉴定人进行司法鉴定活动应当依法接受监督,对于有违反司法鉴定行业规范行为的,由司法鉴定协会给予相应的行业处分,对于有违反有关法律、法规、规章规定行为的,应严肃追责。

司法鉴定人的鉴定能力应包括司法鉴定方案的策划和拟定能力,包括运用科学知识、专业技术、经验技能等对专门问题的综合分析、逻辑推理和专业判断能力,以及具有与其所承担的鉴定工作类型、鉴定范围和工作量相适应的能力。对司法鉴定人员的能力提升以及人才的培训培养,应有长效机制和针对性的政策措施,加强计划、安排、考核,以实现动态管控,为司法鉴定能力建设提供强有力的人才支撑和保障。

近年来,已出台诸多相关法律、法规、规章,对司法鉴定人的职业素养提出了更高的、更为严格的要求,不断提高司法鉴定人队伍的能力素质,对违反职业道德、执业纪律的错误行为进行严肃处理,司法鉴定机构和鉴定人员队伍的大趋势整体向好。

依法提高准入门槛,完善淘汰退出机制,建立司法鉴定过错损害赔偿制度,建立鉴定人和司法鉴定机构诚信评价和资质评估制度,加强司法鉴定质量管控等一系列措施,必定会将司法鉴定人的职业素养建设持续引向深入。

可考虑在此基础上跟进一些公开、透明、可操作性的富有实施细则属性的法规规章以及政策规定。例如,出台相应较为细化的职业道德规范、纪律条例、处罚办法等,同时建立"负面清单",制定较为具体的违规行为的调查程序、责任追究制度及其细则,界定责任类别、责任性质和严重程度以及处理办法或处理规则,建立长效机制,对违规违纪行为严格监管,对责任主体问责追责,乃至可以考虑建立重大司法鉴定事项的终身负责制。

(三) 重视高技能人才的作用

谈及人才这一话题,往往会习惯于关注专业技术人员,关注高学历人员,这大概已成为一种较为普遍的倾向。例如,有关统计中常会见到,全国的司法鉴定机构中,正高技术职称的人员占总数的比例,副高占总数的比例;学历为本科及以上的人员占总数的比例,硕士及以上学历占总数的比例,诸如此类,但唯独不见技能人员、高技能人员的有关统计数据。这一数据缺口在司法鉴定机构的自身简介资料、宣传手册、体系文件中亦普遍存在。这一认识或理念在大力提倡"工匠精神"的今天显得颇不协调。

"工匠精神"是职业道德、职业能力、职业品质的综合体现,是从业者的一种职业价值取向和行为表现。"工匠精神"的基本内涵包括敬业、精益、专注、创新等方面的内容。高技能人才在科技创新领域及生产力发展等经济领域的作用已日益凸显,司法鉴定领域也需要"能工巧匠",高技能人才在司法鉴定领域是大有用武之地的。发扬"工匠精神",关注与重视高技能人才的作用,应该成为提升司法鉴定能力和提高司法鉴定质量的重要一环。

(四)努力培育和大力弘扬科学精神

通常认为,科学精神是在长期的科学实践活动中形成的、贯穿于科研活动全过程的共同信念、价值、态度和行为规范的总称,是对科学知识体系、科学探索活动、科学程序的基本界定。科学精神的本质特征是倡导追求真理、鼓励创新、恪守严谨缜密的方法,科学精神强调实践是检验真理的唯一标准,强调客观验证和逻辑论证相结合的严谨方法。一切科学技术、技术革新成果的取得都离不开科学精神的紧密指引。

司法鉴定,是"运用科学技术或者专门知识对诉讼涉及的专门性问题进行鉴别和判断并提供鉴定意见的活动",它理应是科学所涵盖的领域。因此,坚持科学精神,努力培育和大力弘扬科学精神对于提升司法鉴定能力至关重要,这是司法鉴定能力建设的内在推动力。

由于鉴定事项的复杂性,涉及的科学知识、专业技术的多元性,科技水平发展的阶段性以及技术手段的某些局限性,以及司法鉴定人对专门性问题认识和对科学技术、专业知识的掌握、运用存在差异,司法鉴定带有鉴定人的某些主观色彩,因而在司法鉴定的实际工作中更应倡导科学精神。

三、小结

1. 司法鉴定机构和司法鉴定人是司法鉴定意见的共同提供者,同为司法鉴定的责任主体。司法鉴定责任主体的能力建设和能力提升,对于司法鉴定能力建设和司法鉴定质量的提高具有重要的推动和保障作用。

2. 司法鉴定机构应坚持改革创新,加强科学管理,提高管理能力和管理效率;补齐短板,夯实基础,开拓市场,做好服务;充分重视司法鉴定机构的资源要素驱动,不断加强司法鉴定机构的实体建设,持续提升司法鉴定的竞争实力。

3. 人才资源是司法鉴定的第一资源,是提升司法鉴定能力和提高司法鉴定质量的关键因素之一。司法鉴定机构应不断加强司法鉴定人的职业素养和鉴定能力建设,努力培育创新理念和科学精神,同时应对高技能人才予以足够的关注,给予合理的配置。

4. 司法鉴定机构的负责人是司法鉴定机构的领导者,是第一责任人,最高管理层是司法鉴定机构的决策层,对司法鉴定机构的运行负有全面的责任。司法鉴定机构的负责人应到位到岗,潜心履职;司法鉴定机构的最高管理层成员应德才兼备,有凝聚力、号召力、影响力和领导力,这对司法鉴定能力建设具有十分积极的意义。

《上海市司法鉴定管理条例》创新及重点

郭媛媛*

2019年12月19日,《上海市司法鉴定管理条例》(以下简称《条例》)经上海市第十五届人民代表大会常务委员会第十六次会议审议通过,并于2020年5月1日起正式施行。作为上海司法鉴定领域的地方性法规,《条例》的实施无疑会促进司法鉴定领域资源的均衡分配,规范司法鉴定行业的执业行为,实现司法鉴定机制和体制的协调发展。

一、《条例》出台背景及意义

(一)《条例》出台背景

1. 整治司法鉴定行业乱象的必要性

近年来,上海市司法鉴定行业出现社会中介机构违规承揽业务等现象,少数鉴定人故意作虚假鉴定、错误鉴定,严重损害了司法鉴定的公益属性,损害了司法鉴定的质量和公信力。出台一部架构完整、可操作性强的司法鉴定行业地方性法规,是司法实践的必然需求。

2. 出台司法鉴定行业地方性法规的紧迫性

在我国现行的法律体系中,截至目前,并没有全国统一的"司法鉴定法"。2005年全国人大常委会颁布实施的《关于司法鉴定管理问题的决定》(以下简称《决定》)是我国规范司法鉴定管理活动的重要法律,在司法鉴定行业起提纲挈领的作用。在该决定的基础上,司法部相继颁布了《司法鉴定机构登记管理办法》、《司法鉴定人

---

* 司法鉴定科学研究院文痕和微量物证鉴定研究室助理研究员,博士。

登记管理办法》、《司法鉴定程序通则》(以下简称《通则》)等部门规章,为加强司法鉴定活动日常管理、规范司法鉴定执业活动提供了重要的法律依据。近年来,随着司法鉴定中出现的新情况、新问题,最高人民法院、司法部颁布《关于建立司法鉴定管理与使用衔接机制的意见》(以下简称《意见》),司法部颁布《关于严格准入 严格监管 提高司法鉴定质量和公信力的意见》(以下简称《双严十二条》)、《关于全面推动长江经济带司法鉴定协同发展的实施意见》,为司法鉴定行业的发展注入了新的活力。但由于各地方经济、社会发展存在差异,各省(市)司法鉴定行业在发展水平、管理实践、执法难点等方面具有特殊性。上海亟须根据实际情况,出台地方性法规,完善上海的公共法律服务体系。

(二)《条例》出台意义

1. 符合顶层设计要求

"顶层设计"要求立法者基于本地的实际情况,以公平正义、提高质效为根本理念,以较强的可操作性为切入点,推动《条例》的出台。《条例》出台过程中,以上海多家司法鉴定机构为视角,以公开和效率为分析工具,以动态全流程管理为实施路径,充分体现了司法鉴定制度的创新性和顶层设计性。

2. 体现改革整体性

局部的整治、改革,难以在进一步深化司法改革中充分考虑司法鉴定主体、司法鉴定客体、司法鉴定具体行为等内部构成要素之间的联系,无法充分发挥整体的效能,共同构成司法鉴定行业发展的内在驱动力。《条例》中明确市司法行政部门、区司法行政部门相应职能,并且明晰相关行政部门按照各自职责,做好司法鉴定管理的相关工作,相互保障,体现了司法鉴定行业的改革立足于整体性,进行了全方位、多角度、深层次的规划。改革不仅有宏观的理念支持和引导,而且也有投诉处置、司法鉴定工作协调机制等局部制度的调整和完善;不仅涉及鉴定全流程的科学、动态管理,也涉及新兴技术在司法鉴定领域的具体应用。

3. 具有改革开拓性

上海司法鉴定行业地方性法规的出台,敢于破除司法鉴定行业存在的固有障碍,不局限于全国司法鉴定行业整治的步伐,结合本土实际问题进行创新,力图突破以往局部整治的局面进行全方位改革。从框架架设到具体举措，无一不是为了解决鉴定实践活动中的顽疾，为司法鉴定全行业的改革注入新的源泉。

二、《条例》的创新

（一）制度创新

1. 建立司法鉴定工作衔接协调机制

《条例》第7条规定："本市建立司法鉴定工作衔接协调机制。市司法行政部门应当做好相关组织协调工作；市、区司法行政部门应当加强与办理诉讼案件的监察机关和侦查机关、检察机关、审判机关（以下统称办案机关）以及相关行业主管部门的沟通协调，开展信息交流和情况通报，规范和保障司法鉴定活动。"

司法鉴定意见作为法定的证据种类之一，通过法庭的质证与认证，从而成为定案证据。司法鉴定工作衔接协调机制的建立，为鉴定意见的提供方、使用方以及监管方搭建了一条畅通的道路，为司法鉴定意见的科学认证提供了制度保障。具体体现在市司法行政部门和审判机关的信息互通上。如《条例》第46条第1款所述："市司法行政部门应当及时将司法鉴定机构、司法鉴定人名册和其他司法鉴定机构、其他鉴定人信息提供给办案机关。审判机关应当将鉴定人出庭作证和鉴定意见采信等情况向同级司法行政部门通报。"

2. 建立司法鉴定专家委员会咨询制度

鉴定实践中，由于各司法鉴定机构的水平参差不齐，针对同一鉴定事项的鉴定意见不同的现象屡见不鲜。尤其针对复杂、疑难的鉴定事项，往往会历经数次鉴定。不但浪费了有限的诉讼资源，还容易造成当事人、办案机关对于司法鉴定的不信任，极大地损害了司法鉴定的公信力。《条例》第34条规定了司法鉴定专家委员会咨询制度。对于特别疑难、复杂、特殊的技术问题以及有较大争议的鉴定案件，办案机关可以委托司法鉴定专家委员会提供专家咨询意见。复杂疑难问题直接交由司法鉴定专家委员会进行鉴定，无疑是最便捷、最具公信力的方式。这就对专家委员会中的专家委员构成提出了新的要求，不仅要求其在司法鉴定业务方面具有丰富的经验，而且对于专家的道德和职业操守也提出了较高要求。

3. 健全准入退出机制

严格准入、严格监管是提高司法鉴定质量和公信力的具体举措,《条例》的制定严格遵循《决定》、《通则》以及《双严十二条》的有关规定,将司法鉴定机构和司法鉴定人具体的准入、退出机制写入地方立法。具体详见《条例》第 11 条、第 12 条、第 13 条、第 16 条、第 17 条。此外,《条例》明确市司法行政部门应当对司法鉴定机构、司法鉴定人执业情况进行定期考核,并及时向社会公布,形成了对司法鉴定机构和鉴定人的动态监管机制,为提高司法鉴定机构和鉴定人的质量提供了制度保障。

4. 健全投诉处理机制

《条例》第 44 条第 1 款规定,"个人、法人或者非法人组织认为司法鉴定机构、鉴定人在执业活动中有违法违规情形的,可以向司法行政部门或者行业主管部门投诉,司法行政部门或者行业主管部门应当依法受理,并按照规定的时限和要求进行调查处理并答复投诉人"。并在第 45 条列举了 6 种投诉事项不予受理的情形。近年来,涉及司法鉴定的投诉事项越来越多,投诉理由多种多样,其中不乏对鉴定人的人身攻击,极大地扰乱了司法行政部门以及鉴定人的正常工作秩序。明确投诉处理归口单位,有利于从根本上解决重复投诉、部门间互相推诿的现象。

(二)手段创新

1. 建立公共法律服务平台

将司法鉴定服务纳入公共法律服务平台,是加强管理监督、着力提升司法鉴定质效的关键举措。通过公共法律服务平台,公告司法鉴定机构、司法鉴定人名册,发布其他司法鉴定机构、其他鉴定人信息,提供查询服务、接受业务咨询和网上办事的预约服务等,将司法鉴定中各重要环节真正做到公开透明。尤其在鉴定流程方面,从办案机关委托鉴定之初就将司法鉴定纳入全流程管理,有效防止"虚假鉴定"的发生。

2. 建立司法鉴定信息化管理平台

《条例》第 41 条明确规定,对司法鉴定案件实行统一赋码管理,并通过建立司法鉴定信息化管理平台对司法鉴定案件实施程序、鉴定材料保管、检验检测数据保存、鉴定意见书形成等各程序进行全流程监管。目前,上海市已建成"智慧司鉴"系统,基本实现了司法鉴定程序上的全流程动态监管,构建公开、透明的司法鉴定程序,从根本上保障了鉴定双方当事人的知情权。并且随着司法鉴定意见书二维码的启用,极大地防止了虚假鉴定文书的出现,保障了司法鉴定程序公正。

(三)管理细化,权责分明

1. 完善分类管理,夯实制度保障

《条例》规定,对于"四大类"的司法鉴定机构、鉴定人实行登记管理,对于"四大类"以外从事其他司法鉴定业务的司法鉴定机构、鉴定人,依照相关法律、行政法规进行管理,行业主管部门应当加强审核管理。并且其他行业主管部门以及市司法鉴定协会等行业协会可以通过公共法律服务平台发布其他司法鉴定机构、其他鉴定人的主体信息、从事司法鉴定业务信息。

2. 多部门联合管理,明确监管权责

司法实践中,司法鉴定项目众多、类别复杂、专业性强,从事"四大类"以外的鉴定项目的机构和人员不在少数,但其鉴定质量有待进一步加强。"四大类"以外的鉴定活动仅依靠司法行政部门的行政管理和司法鉴定协会的行业自律管理是远远不够的。故《条例》明确多部门联合管理机制,市场监督管理、财政、住房城乡建设、房屋管理、卫生健康、文化旅游、税务、生态环境以及民政、人力资源和社会保障、发展改革、金融监管等相关行政部门也应按照各自职责,做好司法鉴定管理的相关工作。着力提升司法鉴定行业的监管力量,拓宽监管覆盖面,切实提高管理效能。

三、《条例》的重点

作为上海市司法鉴定行业中的基础性法律,《条例》的颁布必将会给司法鉴定立法、鉴定工作的开展、司法鉴定制度研究带来深远影响。为保障《条例》的顺利实施,做好《条例》颁布后相关配套工作的跟进乃是当务之急。

(一)细化实施《条例》相关规定

1. 进一步实施司法鉴定机构动态监管制度

《条例》对于司法鉴定机构申请司法鉴定许可证以及注销登记的具体条件作了明确规定,即市司法行政部门可以根据需要,自行或者委托第三方对司法鉴定机构进行质量评估。但对质量评估的具体方式、评估周期以及如何科学运用评估结果却并未作出明确规定。在鉴定实践中,建议实施司法鉴定机构等级评定从而进一步巩固司法鉴定机构动态监管制度。以实验室认证认可制度为基准,建立机构分级管理制度,以司法鉴定机构规模、从事鉴定业务能力、鉴定所需设备、机构管理水平、机构质量等五个方面为主要指标,实时动态更新机构级别,及时淘汰不合格的司法鉴定机构、实验室,并向社会公众公布。在对司法鉴定机构进行实时监管的同时,也着重培育一批鉴定水平高、鉴定能力强的司法鉴定机构。

2. 妥善协调《条例》与其他法律法规的衔接

目前,司法鉴定在全国范围内尚没有统一的立法,《条例》作为上海市地方立法,不可避免地会涉及与其他法律法规之间的衔接问题。比如《条例》第45条列举了投诉不予受理的情形。值得注意的是,2019年6月起实施的《司法鉴定执业活动投诉处理办法》(以下简称《投诉处理办法》)对投诉处理的情形的规定与《条例》规定存在不一致。《投诉处理办法》第15条第1项规定"投诉事项已经司法行政机关处理,或者经行政复议、行政诉讼结案,且没有新的事实和证据的"不予受理,并且投诉不予受理的情形只限于5种情形;但《条例》第45条的表述是"投诉事项已经司法行政部门、相关行业主管部门处理",并且将"鉴定意见已被审判机关生效法律文书作为证据采纳的"列入不予受理的情形。投诉不予受理的情形直接决定了当事人对司法鉴定投诉的范围,因此必须慎重处理二者的衔接。[1] 在法律位阶上《条例》属于地方性法规,《投诉处理办法》属于部门规章,在具体适用方面,两者应妥善协调。当不能确定如何适用时,应根据《立法法》第95条[2]的规定,提请国务院或者全国人民代表大会常务委员会裁决。

3. 细化司法鉴定行业失信惩戒制度

《条例》第42条规定,"市司法行政部门、相关行政管理部门应当按照《上海市

---

[1] 参见陈邦达:《上海市司法鉴定管理条例(草案)亮点》,载《检察风云》2019年第15期。
[2] 《立法法》第95条第1款第2项规定:"地方性法规与部门规章之间对同一事项的规定不一致,不能确定如何适用时,由国务院提出意见,国务院认为应当适用地方性法规的,应当决定在该地方适用地方性法规的规定;认为应当适用部门规章的,应当提请全国人民代表大会常务委员会裁决。"

社会信用条例》规定,将司法鉴定机构、鉴定人的信用信息归集到本市公共信用信息平台,并依法采取激励和惩戒措施"。建立司法鉴定行业的"黑名单"制度迫在眉睫,将司法鉴定机构业务行为纳入公共信用信息平台,将鉴定人执业行为与个人信用信息挂钩,既能有效规范司法鉴定机构和鉴定人的执业行为,也能确保司法鉴定活动的权威性,还能引导司法鉴定行业良性发展。同时,明确被撤销登记的司法鉴定机构、司法鉴定人应当依法列入严重失信主体名单,并向社会公布。司法鉴定中失信行为众多,如超出业务范围接受委托、违规收取鉴定费用、鉴定人只签名并未实际参与鉴定工作等。具体的失信行为如何评定,如何将司法鉴定中的失信行为纳入全市的征信管理平台,须进一步予以明确规定。

(二)深化平台建设

《条例》明确建立的公共法律服务平台和司法鉴定信息化管理平台,均是为了保障司法鉴定的程序公正,一定程度上实现司法鉴定科学化,提高鉴定意见适用的精确度。质量是服务的生命线,同样,司法鉴定质量也是保障实体公正的基础。对司法鉴定质量进行实时监控、认真评估也是实践中不断探索的重要问题。将司法鉴定质量监控纳入全流程管理,构建权力配置合理、衔接配套全面的司法鉴定管理体系,深化科学技术在司法鉴定信息化平台中的应用,争取打造可复制、可推广、具有上海特色的智慧司鉴系统。

目前,已经形成了从司法鉴定委托受理、鉴定过程到鉴定意见审核签发等关键环节的管理。在此基础上,将司法鉴定质量监控纳入全流程管理显得尤为重要。本文讨论的质量监控主要针对司法鉴定的事中监控和事后监控。司法鉴定质量监控平台的建立,就司法鉴定质量监控主体而言,可分为四个部分,即司法鉴定机构内部质量管理人员、行政部门质量监控人员、行业主管部门质量监控人员、鉴定意见使用方,以上主体在鉴定意见质量监控中发挥巨大的作用;从质量控制要素而言,着重关注"人""机""料""法""环"5个要素,即司法鉴定人的资质、仪器设备的适用性、检材样本的条件、鉴定所依据的标准方法以及环境条件等;[1]就监控体系而言,重点

---

[1] 参见王彦斌、高俊薇等:《CNAS-CL08:2018〈司法鉴定/法庭科学机构认可准则〉特色阐述》,载《中国司法鉴定》2019年第4期。

关注关键过程参数,各专业应根据专业特点梳理关键质量指标等信息,确定合适的统计方法和统计分析周期,管理者根据以上指标采取预防或纠正措施;就鉴定意见审查而言,鉴定意见使用方应重点关注鉴定意见的合法性,即主体是否合格、制作是否规范、法律手续是否完备、推理是否符合逻辑、与案内其他证据是否有矛盾等方面。

(三)科学适用衔接机制

根据《意见》中建立司法鉴定管理与使用衔接机制的相关规定,上海市已经初步建立了相应的工作机制,《条例》将其固化下来并作了进一步完善。衔接机制主要包括两方面的内容,即市司法行政部门应当及时将司法鉴定机构、司法鉴定人名册和其他司法鉴定机构、其他鉴定人信息提供给人民法院等办案机关,人民法院应当将鉴定人出庭作证和鉴定意见采信等情况向同级司法行政部门通报。其中涉及了司法鉴定机构、司法鉴定人名册的科学使用以及鉴定人出庭作证和鉴定意见采信。

就司法鉴定机构、司法鉴定人名册的科学使用,笔者认为可以和司法鉴定机构分级管理、鉴定人考核诚信执业机制相结合。委托方在选择司法鉴定机构时,根据委托鉴定的项目,选择级别较高、口碑较好的机构,从而减少重复鉴定的情况。鉴定人出庭作证和鉴定意见的采信情况,可在司法鉴定信息化管理平台中纳入相关鉴定人的出庭情况和鉴定意见的采信等相关信息,从而使衔接机制透明化。

四、结语

《条例》是2019年上海市人大常委会立法计划的正式项目,《条例》的顺利出台基于大量的实践调研,切实解决了上海市司法鉴定行业亟待解决的难点、痛点和盲点问题。目前,《司法鉴定机构登记管理办法》《司法鉴定人登记管理办法》处于修订征求意见阶段,最高人民法院2019年已发布修正后的《关于民事诉讼证据的若干规定》,其中对涉及民事诉讼中鉴定意见的规定有部分修正。后续仍会有多项涉及司法鉴定的法律法规陆续修订,如何保持《条例》与其他法律法规之间的衔接,是需要重点考虑的问题。

未达《人体损伤致残程度分级》伤残的人体损伤赔偿系数初探*

朱 伟** 贾建长***

在司法鉴定实践过程中,司法鉴定人对伤者进行人身损害赔偿的鉴定标准主要为《人体损伤致残程度分级》、《劳动能力鉴定 职工工伤与职业病致残等级》(GB/T 16180—2014)、《人身保险伤残评定标准(行业标准)》(2013年版)。因此,针对同一人身损害的伤残认定会产生对应三个鉴定意见,而这三个鉴定意见在达残的最低标准(通俗所谓的最低等级十级)上差别巨大,因此导致伤者在面对相关司法鉴定咨询时产生对"同伤不同级""有伤未达残"等很多质疑。目前人身损害赔偿的依据多根据残疾的认定,达不到最低等级残疾的,将无"残疾赔偿金",这将直接导致部分受伤人员的人身损害赔偿额大幅下降,并会使伤者产生"受伤无赔偿""撞了白撞"等认识。

就《人体损伤致残程度分级》的肋骨骨折十级伤残标准展开而言,此标准规定,胸部6根以上肋骨骨折或者4根以上肋骨骨折伴2处明显畸形愈合的属于十级伤残,由该规定可知,5根肋骨骨折未达十级伤残。按照2019年上海市城镇人口残疾赔偿标准,将出现约12万元的赔偿差距。就临床医学的治疗、痛苦评价及人体损害程度而言,6根肋骨骨折与5根肋骨骨折并无严格意义的差别。在对受伤人员的赔偿额方面,5根肋骨骨折的补偿额度与6根肋骨骨折的补偿额度差距约为12万元,

---

* 基金项目:上海市司法鉴定理论研究会课题资助项目"《人体损伤致残程度分级》伤残的人体损伤赔偿系数初探"(项目号:2020SSJYJ2001)。

** 法医师,主要研究方向:法医临床学、法医物证学。

*** 副主任法医师,主要研究方向:法医临床学、法医病理学。

存在"断崖式"赔偿差距。这样的现实,违背法律的公平原则,因此现实迫切需要针对上述三个残疾标准的未达残人身损害赔偿的相关标准研究,制定进一步细化的、未达残的人身损害赔偿应用赔偿系数的理念,从赔偿公平性着手,避免出现"断崖式"赔偿差距。[1]

从可行性及易操作性方面考虑,《劳动能力鉴定 职工工伤与职业病致残等级》(GB/T 16180—2014)、《人身保险伤残评定标准(行业标准)》有很大的行业特色。我们从《人体损伤致残程度分级》方面开始着手相关标准制定和细化,期望通过建立针对《人体损伤致残程度分级》的未达伤残人身损伤赔偿系数评定体系,弥补因残疾达限标准导致的"断崖式"赔偿差距,进一步使人身损害赔偿的公平公正的基本法治理念得以贯彻实施,并能够极大消除人身损害赔偿差异导致的社会隐患和矛盾。

目前,主要根据损伤及功能障碍的类型初步制定三种判定方法,即实测法、二分法和三分法。

(1)实测法。主要针对未达《人体损伤致残程度分级》最低十级的相应可量化的人身损害,建设相应的量化赔偿体系。涉及数量评判达限的,基本按照等分系数方式划分。前述6根肋骨骨折十级伤残(设定为系数1),5根肋骨骨折即根据对应系数折算为 $0.83(5 \div 6 \approx 0.83)$,依次类推至1根肋骨骨折系数折算为 $0.17(1 \div 6 \approx 0.17)$。相应的赔偿基准对应残疾赔偿基准。对于瘢痕长度及面积的系数判定,采用实际测量瘢痕长度及面积除以十级的限定值,获得相应赔偿系数。如面部瘢痕十级限定值为10.0厘米,未达伤残的瘢痕长度为5.6厘米(非中心区),则相应赔偿系数为 $0.56(5.6 \div 10.0 = 0.56)$。

(2)二分法。主要是针对部分难以量化的损伤,存在的相应损伤对伤者造成一定伤害和功能障碍(如四肢长骨干骨折未影响关节面,经手术治疗)。针对这些实质

---

[1] 参见张学军:《"残疾赔偿金"制度的反思》,载《社会科学战线》2015年第3期;闵靓、万平、曾群:《关于交通事故人身损害赔偿主要问题的思考》,载《老区建设》2010年第20期;丁晓婷:《论〈侵权责任法〉中残疾赔偿金的性质》,载《四川职业技术学院学报》2017年第4期;江毅:《人身损害赔偿制度的发展趋势研究》,载《西安文理学院学报(社会科学版)》2011年第1期。

性损伤,建议参照表1所示的评定原则执行判定。

(3)三分法。对于以关节活动度及严重程度为评价的人身损害,则基本按照评价要素进行初步分级,或者依赖影像的表现及关节功能的障碍程度分级,结合愈复综合进行轻中重三个分级评价。

相应的赔偿系数是建立在人体损伤赔偿公平原则基础上的,尚需要获得相关利益方的认可以及实践的磨合。期望能够通过相应团体标准设立,获得共识,以推动未达残伤者的赔偿标准的建立,进而体现法律的公平公正(见表1)。

表1 对应十级伤残的损伤部位未达残损伤赔偿系数判定原则

十级标准	未达残损伤对应赔偿系数判定原则	备注
5.10.1 颅脑、脊髓及周围神经损伤		
(1)精神障碍或者轻度智能减退,日常生活有关的活动能力轻度受限	—	—
(2)颅脑损伤后遗脑软化灶形成,伴有神经系统症状或者体征	—	—
(3)一侧部分面瘫	—	—
(4)嗅觉功能完全丧失	二分法	嗅觉损伤基础,嗅觉部分丧失
(5)尿崩症(轻度)	—	—
(6)四肢重要神经损伤,遗留相应肌群肌力4级以下	二分法	重要神经损伤基础,嗅觉部分丧失
(7)影响阴茎勃起功能	—	—
(8)开颅术后	—	—
5.10.2 头面部损伤		
(1)面颅骨部分缺损或者畸形,影响面容	—	—
(2)头皮瘢痕形成或者无毛发,面积达40.0cm²	实测法	实测面积除以上限

续表

十级标准	未达残损伤对应赔偿系数判定原则	备注
(3) 面部条状瘢痕形成(宽度达0.2cm),累计长度达6.0cm,其中至少3.0cm位于面部中心区	实测法	实测长度除以上限
(4) 面部条状瘢痕形成,累计长度达10.0cm	实测法	实测长度除以上限
(5) 面部块状瘢痕形成,单块面积达3.0cm²,或者多块累计面积达5.0cm²	实测法	实测面积除以上限
(6) 面部片状细小瘢痕形成或者色素异常,累计面积达10.0cm²	实测法	实测面积除以上限
(7) 一侧眼睑下垂,遮盖部分瞳孔;一侧眼睑轻度畸形;一侧睑球黏连影响眼球运动	二分法	存在上睑下垂、睑球黏连即按照50%
(8) 一眼泪器损伤后遗溢泪	三分法	按照泪器损伤等分三分
(9) 一眼眶骨折后遗眼球内陷2mm以上	二分法	按照眶骨损伤等分三分
(10) 复视或者斜视	—	—
(11) 一眼角膜斑翳或者血管翳,累及瞳孔区;一眼角膜移植术后	二分法	存在角膜斑翳或者血管翳即按照50%
(12) 一眼外伤性青光眼,经手术治疗;一眼外伤性低眼压	二分法	存在外伤性青光眼即按照50%
(13) 一眼外伤后无虹膜	二分法	存在外伤后虹膜缺失即按照50%
(14) 一眼外伤性白内障;一眼无晶体或者人工晶体植入术后	—	—

续表

十级标准	未达残损伤对应赔偿系数判定原则	备注
(15) 一眼中度视力损害	三分法	按照视力损害分为三种程度
(16) 双眼视力≤0.5	三分法	按照视力损害分为三种程度
(17) 一眼视野中度缺损,视野有效值≤48%(直径≤60°)	三分法	按照视野缺损分为三种程度
(18) 一耳听力障碍≥61dB HL	三分法	按照听力障碍分为三种程度
(19) 双耳听力障碍≥41dB HL	三分法	按照听力障碍分为三种程度
(20) 一侧前庭平衡功能丧失,伴听力减退	二分法	存在前庭平衡功能障碍即按照50%
(21) 耳廓缺损或者畸形,累计相当于一侧耳廓的30%	实测法	实测面积除以上限
(22) 鼻尖或者鼻翼部分缺损深达软骨	二分法	存在鼻尖或者鼻翼部分缺损即按照50%
(23) 唇外翻或者小口畸形	—	—
(24) 唇缺损或者畸形,致露齿	三分法	按照唇缺损或者畸形分为三种程度
(25) 舌部分缺损	三分法	按照舌缺损前部分为三种程度
(26) 牙齿缺失或者折断7枚以上;牙槽骨部分缺损,合并牙齿缺失或者折断4枚以上	实测法	实测牙齿缺失数目除以上限

续表

十级标准	未达残损伤对应赔偿系数判定原则	备注
(27) 张口受限Ⅰ度	二分法	存在轻度张口受限即按照50%
(28) 咽或者咽后区损伤影响吞咽功能	二分法	存在咽或者咽后区损伤即按照50%
5.10.3 颈部及胸部损伤		
(1) 颏颈粘连畸形松解术后	—	—
(2) 颈前三角区瘢痕形成，累计面积达25.0cm²	实测法	实测瘢痕面积除以上限
(3) 一侧喉返神经损伤，影响功能	—	—
(4) 器质性声音嘶哑	—	—
(5) 食管修补术后	—	—
(6) 女性一侧乳房部分缺失或者畸形	—	—
(7) 肋骨骨折6根以上，或者肋骨部分缺失2根以上；肋骨骨折4根以上并后遗2处畸形愈合	实测法	实测肋骨骨折除以上限
(8) 肺修补术后	二分法	肺破裂未修补即按照50%
(9) 呼吸困难(轻度)	—	—
5.10.4 腹部损伤		
(1) 腹壁疝，难以手术修补	二分法	腹壁疝，手术修补即按照50%
(2) 肝、脾或者胰腺修补术后	—	—
(3) 胃、肠或者胆道修补术后	—	—
(4) 膈肌修补术后	二分法	膈肌破裂，未手术修补即按照50%
5.10.5 盆部及会阴部损伤		

续表

十级标准	未达残损伤对应赔偿系数判定原则	备注
（1）肾、输尿管或者膀胱修补术后	二分法	肾、输尿管或者膀胱，未手术修补即按照50%
（2）子宫或者卵巢修补术后	二分法	子宫或者卵巢，未手术修补即按照50%
（3）外阴或者阴道修补术后	二分法	外阴或者阴道损伤，未手术修补即按照50%
（4）睾丸破裂修补术后	二分法	睾丸及附睾挫伤、血肿、破裂，未手术修补即按照50%
（5）一侧输精管破裂修复术后	二分法	一侧输精管挫伤、损伤、破裂，未手术修补即按照50%
（6）尿道修补术后	二分法	尿道挫伤、损伤、破裂，未手术修补即按照50%
（7）会阴部瘢痕挛缩，肛管狭窄	二分法	会阴部瘢痕存在即按照50%
（8）阴茎头部分缺失	—	—
5.10.6 脊柱、骨盆及四肢损伤		
（1）枢椎齿状突骨折，影响功能	二分法	枢椎齿状突骨折即按照50%
（2）一椎体压缩性骨折（压缩程度达1/3）或者粉碎性骨折；一椎体骨折经手术治疗后	二分法	一椎体压缩性骨折（压缩程度未达1/3）或者线性骨折即按照50%
（3）四处以上横突、棘突或者椎弓根骨折，影响功能	实测法	实际骨折数量除以上限
（4）骨盆两处以上骨折或者粉碎性骨折，畸形愈合	二分法	骨盆存在骨折即按照50%

续表

十级标准	未达残损伤对应赔偿系数判定原则	备注
（5）一侧髌骨切除	—	—
（6）一侧膝关节交叉韧带、半月板伴侧副韧带撕裂伤经手术治疗后，影响功能	二分法	一侧膝关节交叉韧带、半月板伴侧副韧带撕裂伤两处即按照50%
（7）青少年四肢长骨骨折累及骨骺	二分法	青少年四肢长骨骨折未累及骨骺即按照50%
（8）一上肢前臂旋转功能丧失75%以上	三分法	一上肢前臂旋转功能丧失按照严重分为轻中重
（9）双上肢长度相差4.0cm以上	二分法	双上肢长度相差即按照50%
（10）双下肢长度相差2.0cm以上	二分法	双下肢长度相差即按照50%
（11）四肢任一大关节（踝关节除外）功能丧失25%以上	三分法	四肢任一大关节（踝关节除外）功能丧失未达25%按照轻中重划分
（12）一踝关节功能丧失50%以上	三分法	踝关节功能丧失未达50%按照轻中重划分
（13）下肢任一大关节骨折后遗创伤性关节炎	—	—
（14）肢体重要血管循环障碍，影响功能	—	—
（15）一手小指完全缺失并第5掌骨部分缺损	—	—
（16）一足拇趾功能丧失75%以上；一足5趾功能丧失均达50%；双足拇趾功能丧失均达50%；双足除拇趾外任何4趾功能均完全丧失	三分法	按照足趾功能评分，按照轻中重划分

续表

十级标准	未达残损伤对应赔偿系数判定原则	备注
（17）一足跟骨粉碎性骨折畸形愈合	二分法	一足跟骨粉碎性骨折即按照50%
（18）一足足弓结构部分破坏	二分法	足弓构成骨折，即按照50%
（19）手或者足功能丧失分值≥10分	实测法	手或者足功能实际评测除以10分
5.10.7 体表及其他损伤		
（1）手部皮肤瘢痕形成或者植皮术后，范围达一手掌面积50%	实测法	实际测量除以上限
（2）皮肤瘢痕形成达体表面积4%	实测法	实际测量除以上限
（3）皮肤创面长期不愈超过1年，范围达体表面积1%	实测法	实际测量除以上限

试论法医对命案现场中非传统分析内容的思考

林中圣*　王黎扬**

一、案例资料

2010年夏日的某天下午,有人在上海市某区一河道旁的小水沟内发现一男一女两具高度腐败的尸体,遂报警。

(一)现场勘查

该河道为东西走向,河道北侧为苗木基地,南面为农田。现场位于河道北侧苗木基地内,东面为一条南北走向的公路。两具尸体均位于苗木基地内的一条南北走向的排水沟入河口内,距离现场东侧公路约50m。两具尸体均呈仰卧位,呈相向并排且部分呈重叠排列。男性死者在下位,位置靠近排水沟西侧岸边,头朝西南脚朝东北;女性死者在上位,位置靠近排水沟东侧岸边,头朝东北脚朝西南,且双手呈上举状。沿水沟往北距离尸体约30m处东侧的苗木林内,地面上散落有一副墨镜、一条项链、一双女式凉鞋(呈并排状)、多处血迹、一个黑色头箍及两团卫生纸,附近水沟内有一处血泊并浸有一块绿色佩玉。

(二)尸体检验

1. 衣着及随身物品情况

男性死者全身赤裸,左腕戴一白色表带腕表。女性死者上身穿豹纹短袖圆领T恤(前侧见20余处0.2~5cm长的破口)、紫色胸罩,下身赤裸,双足穿肉色短丝袜。

---

* 上海市公安局物证鉴定中心主任法医师。
** 上海市公安局物证鉴定中心副主任法医师,主要研究方向:法医现场学、法医病理学。

2. 损伤情况及主要解剖情况

（1）男性死者：全身见30余处刺创伴多处划伤，主要分布于头、面、颈部及两侧腋下、右腰部及两上肢，长1~5.5cm；颈部见一长15cm的切割创。解剖见颅骨外板及颈椎上有多处刺创或切割痕，其中左顶部及顶枕部创口内相应颅骨内均嵌入一片折断的刀尖，刃长分别为1cm、1.3cm，刀背分别厚0.1cm、0.2cm。颈部左侧颈总动脉、颈外静脉及食管、气管断裂；右肺破裂。胃内有约300g内容物，含米饭粒、辣椒、青椒等成分。（2）女性死者：全身见有近20处刺创伴多处划伤，分布于头、面、颈部及胸前部，长1~6.5cm，颈部亦见一切割创，长21cm。下腹部见似"王"字形的皮肤划痕。解剖见颅骨外板有多处刺创或压迹，右颞骨见2cm×1cm的颅骨孔状骨折；第5颈椎上有两处分别为0.6cm、0.7cm长的切割痕。颈部食管及气管离断；右肺破裂。胃内有约200g褐色内容物，呈糊状未见有形成分。（3）上述男性及女性死者各部位创口大多具有创缘整齐、创角一端钝另一端锐、创壁平滑、创腔内无组织间桥的特点。

（三）案情调查情况

根据法医解剖后第一时间提供的两名死者的大致年龄范围，侦查员经查找近期报失踪人口并通过调查，确认：男性死者周某，1962年生；女性死者刘某，1972年生，两人系"舞搭子"。案发当天两人各自吃好晚饭离家后失踪，其自行车、助动车也不见踪影。

二、讨论

(一)传统的法医学分析内容

主要包括：(1)死亡原因及死亡方式：两名死者均系生前被他人用单刃锐器刺戳全身多处伤及右肺等致失血性休克而死亡。(2)作案工具：两把单刃匕首，刃宽为2~3cm。(3)死亡时间：根据尸体腐败程度及蝇蛆长度(1.3cm左右)推测大时间为4天左右；根据胃内容消化情况推测小时间，男性距最后一餐约2小时，女性约3小时。(4)年龄推断：通过对胸、肋骨及耻骨的检验，推断两名死者年龄，男性为近50岁，女性为近40岁。

(二)非传统的法医学分析内容

该案中,法医对上述传统法医学分析内容相对比较容易把握,但对案件性质、现场分析及重建、犯罪嫌疑人刻画等非传统法医现场分析内容的把握则颇具难度。

综合本案的案情及现场信息不难判断,案件性质是本案侦破的关键。案件性质把握准确了,可以顺利连接起侦查中获取的各项证据和信息,就如同掌握了破案的钥匙,能够顺利解开案件中的各种谜团。该案中对具体案件性质的争论焦点集中在到底是抢劫杀人还是矛盾杀人。支持前者的理由有:(1)财物丢失,包括挎包、手机等随身物品以及骑乘工具;(2)现场环境离大马路很近,在抢劫杀人中很常见;(3)监控录像显示两人是在路上偶遇,尾随杀人的证据不足。支持后者的理由有:(1)两名死者生前关系暧昧;(2)损伤多而重且有特殊损伤,针对人的意味较浓;(3)现场遗留有项链等贵重物品,不像抢劫;(4)中心现场环境较隐秘,易于下手;(5)有藏匿尸体行为,支持熟人作案。应该说,双方观点针锋相对,各有依据却又互相矛盾。但真理只有一个,二者只能取一,且看法医分析如何抽丝剥茧、去伪存真。

1. 统一矛盾,确立案件性质

该案中,对案件性质的认识难以取得共识的根本原因,在于支撑各自观点的证据都是真实的,因此双方都难以驳倒对方。要想化解矛盾、统一共识,关键还要对这些证据在案件定性中的重要性进行评判和取舍。(1)抓住主要矛盾,从正、反两方面统一论证。①定性抢劫杀人的关键是有财物丢失,这个证据是比较"硬"的。对方反驳的理由之一则是现场遗留有财物,但结合案发时间是晚上,现场光线不好,而遗留的项链又比较细小不易被发现,这个矛盾不难排除。②定性矛盾杀人的主要理由是两名死者生前关系暧昧,即认为是预谋情杀包括雇凶尾随杀人。但从监控录像反映来看,两名死者生前系偶遇而至现场,两名死者的胃内容物及消化程度的差异也可以佐证。监控中亦未出现尾随者,预谋伏击之说无从谈起。(2)带着问题去勘验,从尸体上寻找答案。两名死者的损伤均多而重,女死者腹部还有"王"字形划痕似有骂死者"王八蛋"泄恨之意,似乎针对人的目的很明显。但仔细分析,如果是情杀,根据对女性犯罪的心理分析,女性死者的损伤应该更加集中而严重,但在尸检时我们并没有发现这点。至于女性死者腹部皮肤死后划痕并不工整应非有意为之。另外,经过尸检我们也发现,两名死者的损伤虽然很多但致命伤并不多(颈部切割创均为死后加工),颅骨上残留的刀尖也提示杀人手法不熟练,因此对雇凶杀人的提法也足以打上个大大的问号。

2. 现场重建

该案的现场重建包括现场性质、死者生前活动状态、被害过程以及犯罪嫌疑人移尸过程四方面的分析。(1)现场性质分析:通过现场勘查不难判断两具尸体的发现位置系他杀后抛尸现场,而案发第一现场应为苗木基地内血迹及血泊附近。(2)死者生前活动状态分析:根据两名死者下身均赤裸及其衣着情况分析,其生前正在发生男女关系。但发生关系的现场位置在哪呢?根据气象资料反映,案发后下过阵雨,现场遭到了较大破坏,很难提取到有价值的痕迹物证。但经过仔细勘查,仍然可以发现中心现场尚有未冲洗干净的血迹,其附近地面上的树叶与周边相比也显得较为凌乱,整体呈轻微下沉,结合现场地面上的卫生纸团以及摆放整齐的女式拖鞋分析,可以判定该处为两死者生前躺卧并发生关系的位置。但在现场勘查时,我们又发现该处树叶下方的地面并不平坦并有树枝断端,显然为了避免不舒服,上面应当有铺垫。联想到女死者生前为骑助动车而来,其后备箱内的雨披正好可以使用。(3)两死者被害过程分析:根据男、女死者均未见明显的抵抗伤分析,遇害时双方状态都很投入以致受到威胁时竟然毫无察觉。女性死者的损伤基本位于上半身头颈部及躯干前侧,男性死者的损伤则分布部位较为散乱,且尸体位置位于距离发生关系处数米的水沟内。据此分析,两者发生关系时应为女上男下式,双方几乎同一时间受到攻击,女方丝毫来不及反应,男方由于位于下位而为其赢得了稍许反应时间并有逃跑动作,但最终仍被追上并被击倒于近旁的水沟内,水沟内的血泊及浸在其中的玉观音提示男性死者最后是呈俯卧位倒在水沟内。犯罪嫌疑人将两死者杀害后为确保其死亡,又在两死者颈部各切割一刀。(4)移尸过程分析:根据第一现场与移尸现场的距离以及两名死者最终的尸体位置和姿势分析,犯罪嫌疑人杀害两死者并劫得财物后,应是将尸体拖至水沟入河口岸边再抬起并扔入水中,现场未见拖痕系因受到雨淋破坏。最后用树枝掩盖尸体则是为了藏匿尸体,延缓案发时间。

3. 犯罪嫌疑人刻画

犯罪嫌疑人刻画是现场讨论分析的最终目的,刻画得越接近真实就越能为侦查缩小查控范围、缩短破案时间。(1)作案人数:从两名死者的损伤情况以及尸体上遗留的刀尖数分析,犯罪嫌疑人至少有两人,且两人较为符合理想条件。(2)犯罪经验:从两名死者的损伤数量多、分布部位杂乱且致命伤不多以及两把刀尖均折断的情况分析,两名犯罪嫌疑人工具的使用不得法,应为初次杀人。(3)年龄层次:从两名死者损伤的严重程度以及男性死者逃跑被快速追上的情况分析,两名犯罪嫌疑人的体力强、反应快;而其在现场观看两名死者生前发生性关系的行为提示其好奇心较强。综上分析,两名犯罪嫌疑人的年纪较轻。(4)犯罪嫌疑人与现场的联系:犯罪嫌疑人既非关系人,却有掩藏尸体的行为,这是与一般的抢劫杀人案的不同之处,提示犯罪嫌疑人与现场有着某种联系,很可能两人或者其中一人的居住地或工作地就离现场不远!建议对现场周围尤其是外来人口集聚的出租房进行重点排查。

(三)破案经过

两名犯罪嫌疑人胡某和胡某某均为"90后"外来无业人口,被捕后交代:两人一起相约外出抢劫杀人,以此锻炼胆量。案发当日晚上,两人携刀外出寻找抢劫目标,步行至现场进树林大便时发现手机亮光及二被害人在交谈。两名犯罪嫌疑人商量好分工任务后隐蔽在暗处,等被害人发生关系正投入时上前加害。劫得百余元现金、两部手机及两张银行卡之后,两名犯罪嫌疑人先后将被害人的尸体、随身衣物及自行车、助动车扔进河里;然后在河里洗了个澡,将身上血迹洗净。

(四)破案总结

该案中,法医的上述非传统法医现场分析内容对案件的快速侦破起到了重要作用。这也提示我们,法医除了应当对传统的法医学分析内容涉及的知识和技能进行加强学习之外,也要重视对非传统的法医现场分析能力的培养。笔者认为,对传统法医来讲这是一个全新的领域,但对公安法医来讲,这是一项必须面对的现实挑战。

开封方言韵律特征提取与建模的相关研究[*]

赵书悦[**] 张旭毅[***]

语言作为人际交流的工具和种族认同的符号,充斥在生活中的方方面面。而语音是语言的重要物质载体之一,在语言的形、音、义三个基本属性中,处于第一属性。语音依赖于人自身的发音器官和其特有的社会意识存在,因此,语音不仅传递语义信息,更传递说话人的身份信息。方言是语言的变体,承载着中国人最丰富、最深刻的语言信息,在日常的交流活动中最为常见。由此,方言声学特征的研究具有重要的理论价值和应用价值,尤其是在公安领域中,面对一条不明身份和来源的语音信息,分析其方言声学特征是进行说话人区域认定的最直接路径。

一、语音的韵律特征

语音的物理基础主要是音高、音强、音长、音色四要素,这也是语音声学特征的四个方面。前三个方面可以统称为语音的韵律特征,而音色则属于频谱特征。传统的语音分析以韵律特征为主,而频谱特征主要在音色变化等领域研究较多。韵律特征又叫"超音质特征"或"超音段特征",可以分为三个主要方面:语调、时域分布和重音,分别对应三个最常用的韵律参数:基频、时长和能量[1]。一般认为,基频是分析韵律特征最常见的参数,时长其后,能量对分析韵律特征的作用最小。

---

[*] 基金项目:现场物证溯源技术国家工程实验室开放课题(项目号:2018NELKFKT09)。
[**] 郑州市公安局高新分局民警,河南警察学院2018级学生。
[***] 作者单位:河南警察学院。
[1] See *Prosodic Characteristics of Emotional Speech: Measurements of Fundamental Frequency Movements*. In: Paeschke A, Sendlmeier W F, Proc. of ISCA Workshop on Speech and Emotion. North Ireland: Textflow, 2000, p. 75 – 80.

二、开封方言的概况

开封地处中原腹地,其方言是汉语官话分支中原官话——郑开片的一种,属于豫东方言,是中原官话的代表方言点之一,具有重要的研究价值。开封方言内部无明显差别,音系、语法、词汇较为一致,但存在不同地域语言演变快慢不同的区别[1]。开封方言相较于普通话具有以下特点:(1)开封方言使用者与普通话使用者交流没有多大困难,说明开封方言与普通话每个音节的声母韵母基本相同。(2)开封话与普通话语法基本一致。(3)开封话与普通话的使用词汇大同小异,尤其是常用词汇基本一致。(4)开封话与普通话都有阴平、阳平、上声、去声四个调类,调类的分派情况相当一致[2]。综合以上特点,在对开封方言的韵律特征进行分析时,可与普通话同步对比,以此扩大开封方言韵律特征的应用范围。

三、实验过程

(一)材料选取

本实验主要研究开封方言的韵律特征,因此在选材时要尽量避免由于不同音节元音、辅音发音位置和发音方式不同,造成对韵律特征参数提取的干扰。所以,对文本的选择,我们选取52个声韵母组合简单的单字。声母选取[p][p'][t][t']四个爆破音,韵母选取[a][i][u]三个舌位高低、嘴唇圆展均不相同的元音,以及一个双元音[au]。(见表1)

表1 单字调实验用字

声调	阴平	阳平	上声	去声	声调	阴平	阳平	上声	去声
pa	巴	拔	把	爸	ti	滴	笛	抵	帝
pi	逼	鼻	比	庇	tu	嘟	读	赌	肚

---

[1] 参见甘振业:《兰州方言语音生成方法研究》,西北师范大学2007年硕士学位论文。
[2] 参见邵燕祥:《官话》,载《领导文萃》1996年第9期。

续表

声调	阴平	阳平	上声	去声	声调	阴平	阳平	上声	去声
pao	包	薄	饱	报	tao	刀	捯	捣	到
p'i	劈	皮	匹	屁	t'i	踢	提	体	替
p'u	扑	葡	普	瀑	t'u	秃	图	吐	兔
p'ao	抛	刨	跑	泡	t'a	涛	逃	讨	套
ta	搭	答	打	大					

（二）样本采集

实验挑选两男两女对以上字分别用普通话和开封话进行录制，要求录制人先将每个字读三遍以上，再录制。录制工具为 cool edit，语音数据采样率为 44,000Hz，量化精度为 16 位。

（三）分析操作

实验选择 praat 软件进行语音的韵律特征分析。单字声学特征分析中，提取四类调型每个字的基频平均值、基频范围、基频斜率和时长参数，用 Excel 软件计算出同类调型所有字的各项参数平均数作为该类调型的参数值。其中基频平均值的提取方法为：用 praat 自带功能 Get pitch 进行提取，起始基频点选择基频曲线的第二个点，终止点选择第二共振峰开始减弱处的点，同时根据实际情况和声学常识作出调整，最后将得出的值进行手工校对。基频取值范围采用默认数值，即 75~500Hz。

双字声学特征分析中，将四种声调进行周遍性匹配组合，产生普通话和开封话各 16 种声调匹配模式，计算其基频平均值，比较其与单字发音的变化情况。

四、韵律特征提取

（一）单字声学分析

汉语的所有字的音节都有一个稳定的静态音调，它是每个字在孤立状态下的声调，表现有二：(1)在发这个音时不与其他字相连，不受相邻音节发音方式的干扰；(2)这个音是稳定的，不受相邻音节声调或语调的干扰。因此，研究单字的声学特征是研究方音特征的基础。普通话和开封话最突出的区别是声调的区别,而声调的差异是由基频的变化所决定的,本文着重对单字基频的相关参数提取分析,并与普通话对比。

1. 基频均值 mean_f0

如图 1 所示,显示了开封话和普通话四类声调的基频均值对比。从图 1 中可以看出,阴平调和去声调中,普通话的基频均大于开封话的基频;阳平调中,普通话和开封话基频基本一致,开封话基频值要略大于普通话的基频值;只有在上声调中,开封话的基频值要明显大于普通话的基频值。按照五度标调来看,普通话的阴平调为(55),属于高频调,而开封话的阴平调为(24),属于中频调,与实验所得情况一致;普通话的阳平调(35)频率偏高,属于中高频调,开封话的阳平调为(42),属于中低频调,但实验数据得出开封话的阳平调基频均值要略高于普通话阳平调基频均值,这与五度标调有些许出入;普通话的上声调为(214)属于中低频调,开封话的上声调为(44),属于中高频调,所以开封话的上声调基频值要大于普通话的基频值;普通话与开封话的去声调分别为(51)和(31),与实验所得情况一致。

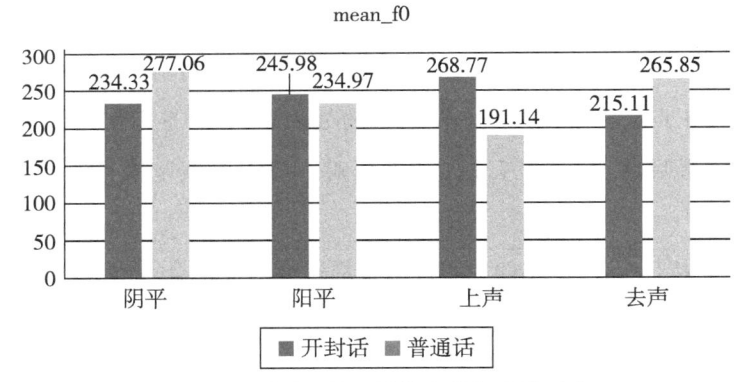

图 1 开封话和普通话单字基频均值对比

2. 基频范围 range_f0

如图 2 所示,显示了开封话与普通话四类声调基频范围的对比情况。基频范围也称声调音韵,反映了基频最大值到最小值的距离。从实验结果可以得出,开封话的阳平调与普通话的阳平调基本一致,只相差 4Hz 左右,由于两者在阳平调上都跨越了两个频段,因此两者在阳平调上的差异变化最小;去声调上,普通话的基频范围比开封话高12Hz左右,说明普通话的阴平调的音域宽,声调音高水平比开封话的高;普通话的上声调比开封话的上声调基频范围高60Hz左右,由于普通话在上声调上跨越3个频段,而开封话上声调为平调,所以在四类声调中,两者音域相差最大;阴平调上,普通话是平调,而开封话跨越了两个频段,所以开封话的基频范围比普通话高出近30Hz。从图2中可以看出,开封话的上声调与普通话的阴平调的基频范围相一致,都在10Hz左右,验证了开封话的上声调是44,普通话的阴平调是55。

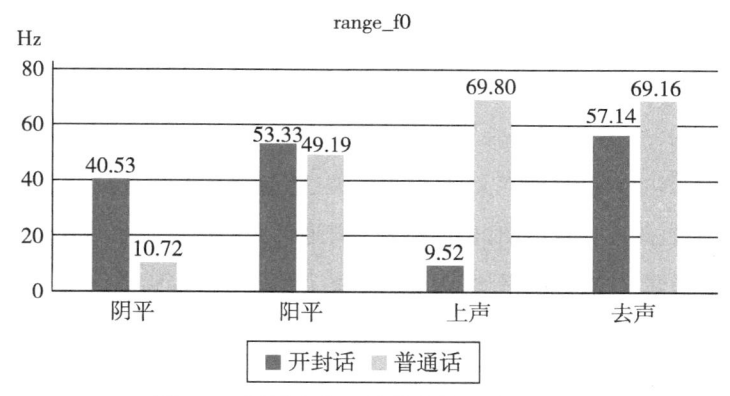

图2 开封话和普通话单字基频范围对比

3. 基频斜率 slop_f0

如图3所示,反映了普通话和开封话的基频斜率对比。普通话的阴平调和开封话的上声调均是平调,斜率均趋近于0。开封话的阴平调和普通话的阳平调基频均呈现由低到高的趋势,所以斜率都为正值。开封话和普通话的去声调基频都呈现由高到低的趋势,因此两者斜率都为负值,且普通话的去声调更陡,其基频斜率比开封话的小。

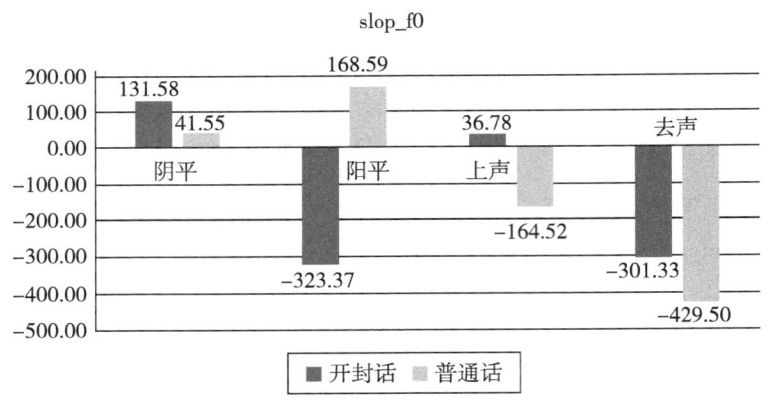

图 3 开封话和普通话单字基频斜率对比

4. 时长参数 dur

如图 4 所示，显示了开封话与普通话单字的时长对比情况。由图 4 可以看出，两者的四类声调的时长差别不大，只有上声调，普通话时长要远大于开封话，因为普通话的上声调是曲调，所以其时长要更大。普通话在四类声调中时长最长的是上声调，其次是阳平调，再次是阴平调，最短是去声调；开封话在四类声调中时长最长的是阴平调，其次是阳平调，再次是去声调，最短是上声调。

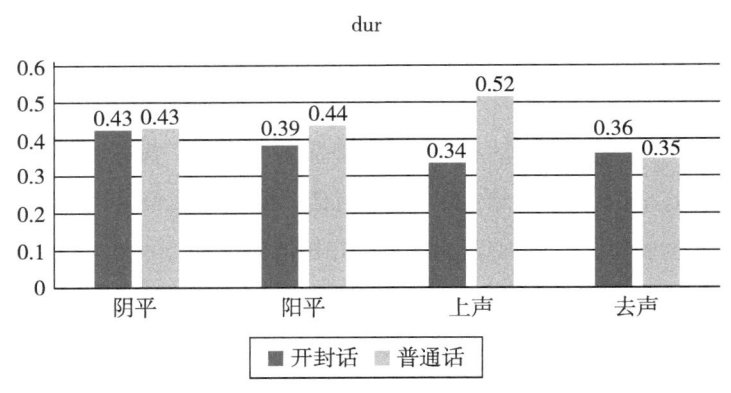

图 4 开封话和普通话单字时长对比

5. 普通话和开封话的基频曲线对比

声调由调值和调型组成，调值取决于基频值，调型由调值的走向决定，也就是基频曲线的变化,基频的差异最直观地表现在基频曲线的不同上。声调的基频值不是单一的频率值,而是随时间变化的持续性波段,且在声调持续的过程中,从起点到终点不断地产生变化。因此要研究基频的曲线变化,就要选取有足够代表性的基频点。一般来说,起点、中心点、终点对基频曲线具有决定性意义,因此,本文选取这三个点作为考察点。

本文采用求取平均值的方法,即选取每一类声调的每一个音节的起点、中心点、终点处的基频值,然后求平均而得。如表2所示,列出了普通话和开封话四类声调的首音点均值、中音点均值和尾音点均值。

表2 普通话和开封话各调类不同位置的基频均值

声调	音节位置	普通话	开封话
阴平	首音点	269.5891	228.8470
	中音点	272.6988	223.0610
	尾音点	272.3990	261.1140
阳平	首音点	229.3439	264.6819
	中音点	227.0309	258.2136
	尾音点	266.8715	214.2180
上声	首音点	230.8813	263.4562
	中音点	164.5233	258.2136
	尾音点	238.8868	262.5103
去声	首音点	285.4705	248.8476
	中音点	269.8448	208.5055
	尾音点	236.7504	188.5367

如图5所示,显示了普通话和开封话四类调在首音点、中音点、尾音点表示下的基频曲线图,可以看出其形态与五度值标记法的调值基本吻合。

开封话

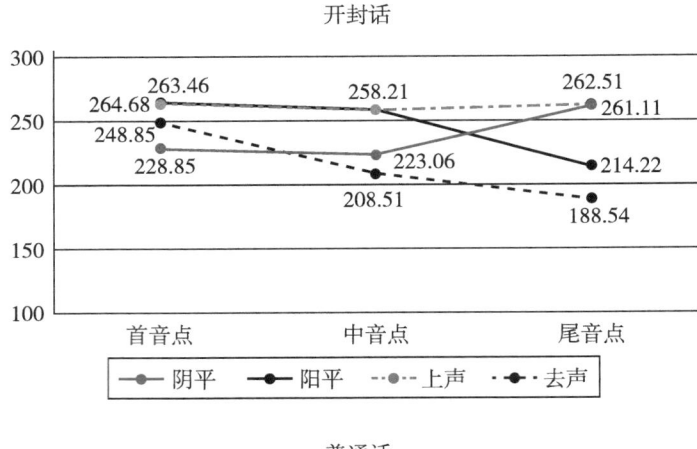

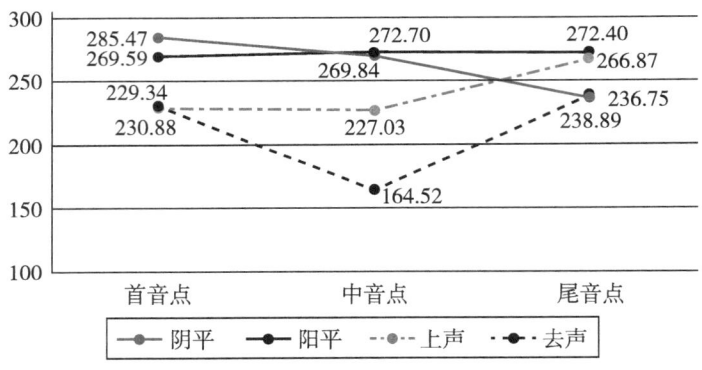

	首音点	中音点	尾音点
阴平	264.68	258.21	262.51
	263.46		261.11
阳平	248.85	223.06	214.22
上声	228.85	208.51	188.54

普通话

	首音点	中音点	尾音点
阴平	285.47	272.70	272.40
阳平	269.59	269.84	266.87
	229.34	227.03	238.89
	230.88	164.52	236.75

图 5 开封话和普通话单字基频曲线对比

（二）开封话双字声学分析

汉语的每个音节都有一个稳定的静态声调，但当孤立的音节放入语音流中，就会受与其紧密相连的音节的影响，从而发生声调的变化，这就是动态声调的现象。由于两个紧密相连的音节之间的相互影响，其中一个音节在某一个或几个特征上与另一个变得相近，这种变化就叫作语音的同化。同化分为顺同化和逆同化，当两个邻近的音节的后一个受前一个的影响，产生与前一个相近的特征时，称为顺同化；反之，当前一个受后一个的影响，产生与后一个相近的特征时，称为逆同化。汉语的语法结构一般都为字组词、词成句，一切变调都是在单字调和二字调的基础上产生的。本文设计了二字词在四类声调的周遍性匹配组合下的文本，通过基频均值和基频曲线的变化,分析开封话的语音同化现象。表 3 展示了开封话二字词在四类声调的 16 种组合下首字和尾字的基频均值情况。

表 3　开封话同化后的基频均值测试结果

声调	阴平		阳平		上声		去声	
	首字	尾字	首字	尾字	首字	尾字	首字	尾字
阴平	232.1743	212.8209	209.6131	250.8493	218.3094	271.8416	230.0884	238.5352
阳平	265.2106	218.4887	251.0986	230.1846	253.8534	235.9008	221.5611	251.6061
上声	255.8173	216.8840	259.9953	264.9685	241.0309	237.4410	264.1222	219.8534
去声	206.2269	215.4439	223.9371	252.5739	213.2380	231.8029	208.3471	227.6613

为了更直观地显示开封话二字词同化后基频曲线的变化情况,本文分别选择首字和尾字的起点、中心点、终点的基频均值,以刻画不同声调匹配下的基频曲线情况,如图 6 所示。

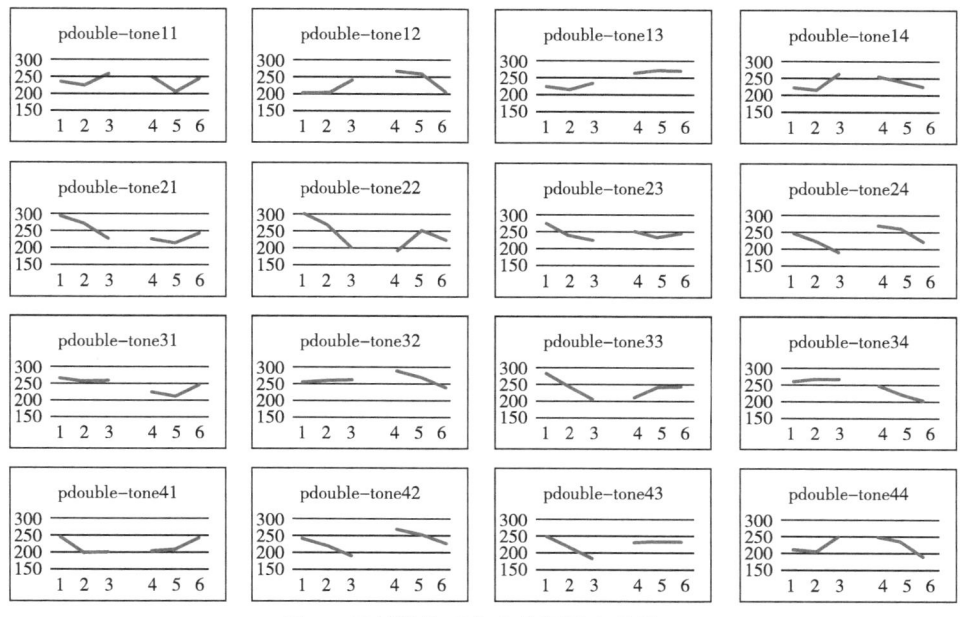

图 6　开封话前后位音节调型变化情况

1. 阴平二字组

由图6可以看出,阴平二字组中,阴平字处于首位,后位是上声时,调型变得平缓,趋于平调,而后位是其他三类声调时,调型基本不变,仍然是单字调中的升调。由表3的数据可得,当尾字是阴平和去声时,基频均值与单字时基本没有变化,但当尾字是阳平和上声时,首字的阴平调基频值明显低于单字调时的基频值,分别低了25Hz和16Hz左右。可见阴平调的逆同化作用在后字是阳平和上声时较为明显,在后字是阴平和去声时不明显。

阴平调对于后字各声调的影响各有不同,与各声调的单字调相比,上声调的基频值偏差最小,调型也几乎不变;阴平调的基频值偏差最大,比单字调基频值低22Hz左右,调型也发生变化,更趋于曲折调;阳平调和去声调的基频值偏差较小,偏差值在5~10Hz,调型不受影响。由此,阴平调对后字是上声调的顺同化作用最小,对后字是阴平调的顺同化作用最大。

2. 阳平二字组

阳平字处于首位时,调型基本不受影响,仍然为降调。后位是阴平调的阳平字,基频值比单字时高20Hz左右,后位是去声调时,基频值比单字时低25Hz左右,后位是阳平调和上声调时影响较小,基频值比单字时高4~10Hz。因此,后位是阴平字和去声字时对阳平调的逆同化作用较大,后位是阳平字和上声字时的逆同化作用较小。

处于阳平字后位的各类声调中,阳平调的调型变化最明显,由降调变为曲折调,其他三类声调的调型无较大变化;上声调和去声调的基频值变化最大,上声调比单字时低33Hz左右,去声调比单字时高36Hz左右,阳平调比单字时低15Hz左右,阴平调基频值变化最小,只有6Hz左右。由此可见,阳平调对后字各声调的顺同化作用各不相同。

3. 上声二字组

处于上声二字组首字的上声字,只有当后位是去声调时,基频值与单字调基本相同,后位是上声调时,基频值比单字调低27Hz左右,后字是阴平调和阳平调时,基频分别比单字调低13Hz和9Hz左右;其调型只有在后字同为上声调时变化最大,由平调变为降调。由此可见,后位是上声调时对首位的上声字逆同化作用最大。

处于上声二字组后位的各类声调,调型基本不变,只有上声调前段有下沉的趋势;后字的上声调比单字调低31Hz左右,阴平调比单字调低近20Hz,阳平调比单字调高近20Hz,而去声调基频值与单字调基本相同。因此,上声调对去声调的顺同化作用最小,对上声调的顺同化作用最大。

4. 去声二字组

处于首位的去声字,只有当后位是去声调时,调型变化较大,由降调变为升调,其他情况下调型不变;后位对首字的去声调的基频影响都在10Hz以内。由此,去声调的逆同化作用只有在后位同为去声调时较为明显。

处于去声调后位的各类声调,调型基本不变,阳平调和去声调基频影响较小,阴平调比单字时低18Hz左右,上声调比单字时低37Hz左右,此时,后位是上声调对首字的去声调顺同化作用最大。

五、语音声学模型

系统高效地研究语音需要建立声学模型,优秀的声学模型对语音分析有重要的推动作用[1]。声学模型是用一系列的连续参数通过基频曲线来描述的可视化语调模式[2]。当给出恰当的参数时,该模型能够正确地刻画出基频曲线,同时,相关韵律参数也能被该模型系统地概括,表现出一定的语言学意义。建立合适的声学模型,对概括方言的韵律特征具有重要作用。近年来,人们根据大量有价值的语料库,已经提出许多有价值的声学模型。

(一) Fujisaki 模型

Fujisaki[3]模型自提出以来,被各个国家和各个领域广泛应用,是最经典的声

---

[1] 参见杨顺安:《五度字调模型在合成汉语语音中的应用》,载《方言》1987年第2期。

[2] See Taylor P., *Analysis and Synthesis of Intonation Using the Tilt Model*, J. Acoust. Soc. Am, Vol.107, p.1697–1714 (2000).

[3] 参见任蕊:《基于Fujisaki模型的情感语音信号分析与合成》,北京交通大学2008年硕士学位论文。

学模型。该模型以生理学为基础,利用喉部结构和喉部肌肉的相互作用作出解释。如图7所示,是Fujisaki定量模型的块图,可以看出,该模型也是叠加模型的一种,它把基本基频值(F_{min})同短语组件和重读组件在对数域上叠加在一起,组件的控制分别对应于方波命令和冲击命令。有学者利用Fujisaki模型模拟汉语中的四类声调,取得了很好的效果。

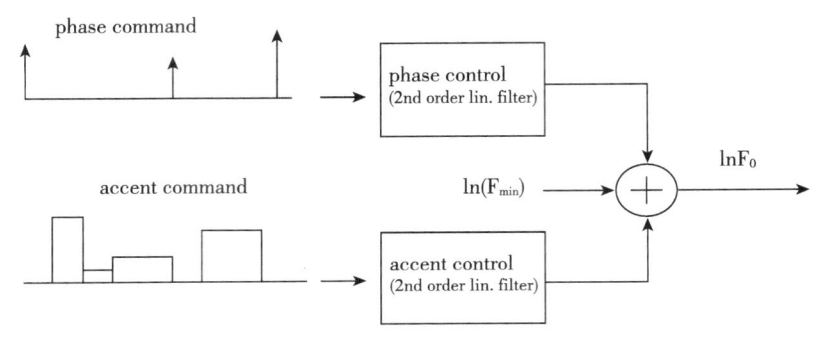

图7 Fujisaki模型块

F_0包络在Fujisaki模型中的表达式为:

$$\ln F_0(t) = \ln F_{min} + \sum_{i=1}^{I} A_{pi} G_{pi}(t - T_{0i}) + \sum_{j=1}^{J} A_{aj} \{ G_{aj}(t - T_{1j}) - G_{aj}(t - T_{2j}) \}$$

其中

$$G_{pi}(t) = \begin{cases} \alpha_i^2 t \exp(-\alpha_i t), & \text{for } t \geq 0 \\ 0, & \text{for } t < 0 \end{cases}$$

且

$$G_{aj}(t) = \begin{cases} \text{Min}[1 - (1 + \beta_j t) t \exp(-\beta_j t), \theta_j], & \text{for } t \geq 0 \\ 0, & \text{for } t < 0 \end{cases}$$

(二)Tilt 韵律模型

Tilt模型[1]中,最基础的语调单元是语调事件,它包含音高重音和边界声调,而该语调事件是通过几个连续的Tilt参数所描述的。首先,每个语调事件通过测量

---

〔1〕 See Xuejing Sun, *The Determination, Analysis, and Synthesis of Fundamental Freguency*, (Ph. D. diss., Northwestern University, 2002), p. 12.

其上升和下降的幅度及时长实现被参数化,分别表示为 A_{rise}, A_{fall}, D_{rise}, D_{fall}, 这是 Tile 模型的预备工作。其次,将这四个参数修改为三个 Tile 参数,分别为基频起点处的语调幅值 A_{event},语调时长 D_{event},及 $[-1,1]$ 之间的一个无量纲参数 tilt。

计算公式如下:

$$tilt_{amp} = \frac{|A_{rise}| - |A_{fall}|}{|A_{rise}| + |A_{fall}|}$$

$$tilt_{dur} = \frac{D_{rise} - D_{fall}}{D_{rise} + D_{fall}}$$

$$A_{event} = |A_{rise}| + |A_{fall}|$$

$$D_{event} = |D_{rise}| + |D_{fall}|$$

$$tilt = \frac{1}{2}tilt_{amp} + \frac{1}{2}tilt_{dur} = \frac{|A_{rise}| - |A_{fall}|}{2(|A_{rise}| + |A_{fall}|)} + \frac{D_{rise} - D_{fall}}{2(D_{rise} + D_{fall})}$$

其中,tilt 是描述语调的调型参数,-1 表示纯粹地下降,1 表示纯粹地上升,0 则表示事件中下降和上升均等的部分。Position 和 Start F_0 是两个额外的参数,分别表示语调事件的顶峰位置和语调起处的绝对基频 F_0。该模型通过一种线性关系来描述语调,所有的时间都与音节相关联。

(三)HMM 模型

隐马尔可夫模型(Hidden Markov Model,HMM)作为语音信号的统计模型,在语音合成、语音识别、行为识别、文字识别等语音处理的各个领域广泛应用,该模型的训练不仅需要韵律参数,还需要谱参数。基于 HMM 的可训练语音合成(HTS)系统框架如图 8 所示。

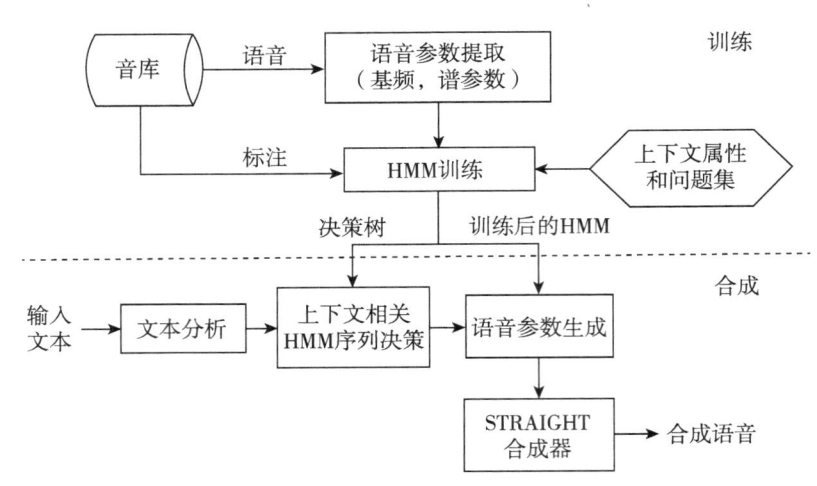

图 8 HTS 的系统框架

该系统包括训练和合成两大部分。在训练过程中,利用 HMM 训练对基频、时长和谱参数进行建模;在合成过程中,结合输入文本的属性分析和训练后的模型进行参数预测,最后通过参数合成器合成语音。一般训练数据包括声学数据和标注数据,声学数据包括基频和谱,标注数据包括音段切分和韵律标注[1]。

(四) PENTA 模型

PENTA 模型[2]也称 Pitch-Target 模型,其以发音心理和生理为基础建模,参数设置简单,且更适合汉语发音规律,因此被广泛应用。该模型认为表层的基频包络由音节和发音器官的约束共同决定。"Pitch Target"为音高目标,是指与语言学功能的基频单元相对应的可操作的最小单元,分为静态音高目标和动态音高目标。模型原理如图 9 所示。

---

[1] 参见武执政:《基于可训练文语转换系统的韵律模型优化》,南开大学 2009 年硕士学位论文。
[2] 参见郭威彤:《西安方言的声学特征分析和韵律建模的研究》,西北师范大学 2009 年硕士学位论文。

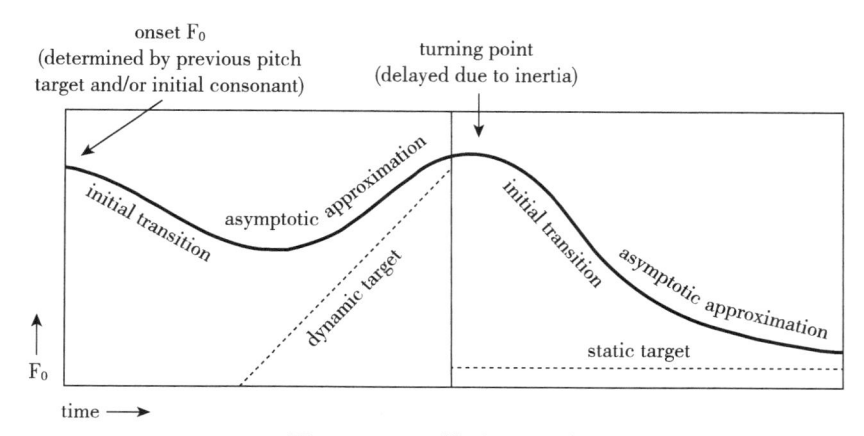

图 9　PENTA 模型原理示意

中部的垂线为音节边界,左右各一个音节,加粗实线为基频曲线的表层实现,水平虚线为一个静态音高目标,倾斜虚线为一个动态音高目标。设音节边界位置为 $[0,D]$,则音高目标模型表示为:

$$T(t) = at + b$$
$$y(t) = \beta\exp(-\lambda t) + at + b$$
$$0 \leq t \leq D, \lambda \geq 0$$

其中,$T(t)$ 为底层音高目标,$y(t)$ 为表层基频包络,参数 a 和 b 表示说话者的语调目标,系数 β 是指起始时刻音高目标和基频包络之间的距离,系数 λ 表示指数部分的衰减程度,即逼近底层音高目标的速度,λ 值越大,逼近速度越快。

PENTA 模型由于其参数设置简单,且能够较细致地刻画基频曲线上的每一个点,是一个理想的底层声学模型,因此常用于不同语音的相互转换中。

六、结语

目前,基于普通话的语音技术日益成熟,而基于方言的语音技术仍在发展阶段,主要原因是方言语料库和特征库的不全面。本文针对这一不足,首先对开封方言的相关韵律特征进行提取,通过实验数据分析了普通话和开封话四类声调在基频均值、基频范围、基频斜率、基频曲线和时长参数五种韵律参数方面的异同,然后设计了开封话在四类声调周遍性匹配组合下的二字组文本,提取了二字组首字和尾字的基频均值，最后刻画了各自的基频曲线，分析得到开封话各类声调的语音同化作用。为了对开封话作进一步分析，本文介绍了四种与韵律相关的模型，结合这些模型能够将开封话的韵律特征更好地加以利用，以促进相关技术发展。